爱的，不爱的，一直在告别中……

# 人生一直在告别

王臣——著

百花洲文艺出版社
BAIHUAZHOU LITERATURE AND ART PRESS

# 目 录
Contents

人生

一直在

告别

# 序言
# Preface

## 除了往事永在，人生一直在告别

王　臣

这本书写得缓慢。

慢到，曾以为写完它是一件遥遥无期的事。可是，一日一日过去，当写完希斯·莱杰的时候，我突然有点难过。我知道，这册书写完了。昔日，每一次写作的结束都令我如释重负。然而，这一次不同。从达·芬奇到查理·卓别林，从可可·香奈儿到玛丽莲·梦露，从仓央嘉措到李叔同，一篇文章便是一次相遇。

每一次相遇，都令人雀跃又感伤。

几日前，编辑向我推荐了一部英剧 *Urban Myths*。中文译名应当叫“都市神话”或者“都市传说”，每一集讲述一个文艺界名人的生活故事或是人生侧影。有摇滚歌手鲍勃·迪伦，有作家塞缪尔·贝克特，有画家萨尔多瓦·达利，还有好莱坞男演员加里·格兰特等人。与我创作这册小书的初衷，算是有异曲同工之处。

下午时候，看到电影《王牌特工：黄金圈》的宣传片。虽然哈莉·贝瑞的镜头一闪而过，但是她的代表作《飞越星河梦》再次浮现脑中。这是一部传记电影，讲的是好莱坞历史上第一个入围奥斯卡的黑人女演员多萝西·丹德里奇的故事。当年，最大的卖点就是哈莉·贝瑞。她刚好也是第一个奥斯卡黑人影后。

改日，定要写多萝西·丹德里奇。

之所以迷恋旧人、旧事，是因为真实的岁月总是比虚构的人生更加动人。也许，还因为自己有一颗不够欢悦的心。总想着，这一生要过得举重若轻、安安静静、与世无争。可是，日常所遇之艰辛、困阻，对当下的你我来讲，总是令人疲惫、沮丧，甚至绝望。当你遇见他们，你会发现，他们所经历的比你我所面对的，要沉重百倍。

可是，他们依然活得举世无双。

起码，这一点令我安慰。生活，从来不会是真正的山穷水尽。你以为的绝壁悬崖，或许只是迷象、幻觉。静一静，停一停，再抬头去看，再迈步往前。不是年幼的时候就知道“山穷水尽疑无路，柳暗花明又一村”了吗？怎么如今又忘了？你所体尝过的，都是你的宝藏。

又或者，我曾有过一刹那生机勃勃的念头。

想要自己也过得像他们一样无可替代？还仅仅只是，害怕被人遗忘。我是不大愿意面对自己内心的人。那里，有太多的动荡、不安、惶惑、惆怅和慌张。于是，我从来不愿意承认我对一个人的痴迷和在意，也不愿意触摸我与一个人的羁绊和联结。仿佛独来独往、孤寂老死，才是我想要的。

当然不是。

凡胎肉身之下，我依然也只有一颗庸常的心。我一点也不特别。没有超脱的慧根，没有恰好的际遇，没有完美的履历，也没有无伤的曾经。有的只是，故作冷漠的眼神和万事不关心的表情。然而，背过身去，我又是那样渴望能有一个人叫住我，不管不顾地叫住我。甚至，希望那人可以拿枪指着我，要我放过自己。

承认自己会有孤独的夜晚。

承认自己会有脆弱的心房。

承认自己会有被爱的欲望。

承认自己也有住进另一颗心的梦想。

写完达·芬奇的时候又去看了纪录片《达·芬奇：米兰的天才》。就连达·芬奇也需要弗朗西斯科·迈尔兹的陪伴。寻常如我，又哪里来的勇气和资本，佯装桀骜不驯、孤孑难遇呢？还有 MJ——迈克尔·杰克逊，他都愿意在奥普拉·温弗瑞的面前哭上一场。我们又有何不可？三毛说的，想笑就笑，想哭就哭。

他们的苦难，让我学会无忧不惧。

他们的脆弱，让我看到自己的心。

你想被人记得吗？

你想被爱吗？

亲爱的，大方承认吧。

01/

# 若是没有你的传说，世界将会多么枯燥

## 仓央嘉措

说个小故事。

2002年，我刚读高中，当时听到朱哲琴的《信徒》，初遇“那一天，那一月，那一年”，只觉歌词惊艳。其实，十几岁的我，远不能领会朱哲琴的音乐态度，只是一边觉得她唱腔奇诡，一边又急于假装自己与旁人的音乐审美不同，总是抱着她五年前发表的《央金玛》，循环听着《信徒》。

说实在的，我听不懂什么。

做做样子罢了。

2005年，高考落榜，一度萎靡。日日翻看老电影和旧唱片，也会去地摊淘些古怪的书回来读。内心焦灼，强撑之下，仍避不开那一颗浮躁的心。唯独朱哲琴的那一首《信徒》，令我心中略得平静。也是在那个时候，我对“那一天，那一月，那一年”有了一些莫可名状的感触。

于是，我决定打听点什么。

仓央嘉措，这四个字终于缓缓浮上水面。只是遗憾，当时年少，并不知道触类旁通，没有更深入地去了解。然而，缘分这种东西从来隐晦，你要知道和了解的，终会明白。一年之后，我读大学，开始写作。在某次聚会当中，有幸与一西藏友人相识。久闻他有好嗓音，众人约请，他才唱了一曲。

是藏语，听不明白。私下问他，他说是后人改编的仓央嘉措情歌。刹那震惊。兜兜转转，我还是要回到这里，与仓央嘉措重逢。那一晚，我问了他很多，他也讲了很多。我听得意犹未尽之时，他告诉我，其实大部分关于仓央嘉措的故事都只是传说罢了。

传说不可信，我明白。

然而，传说那么美。

美到我们不得不为幻象着迷。

仓央嘉措，日渐变成我的一个情结。严谨的人生自有其好，随心的人生亦有其妙。与西藏友人对谈之时，我便决定为仓央嘉措写一本书。2010 年，书终于写成。能找寻到的史料，都一一读过。可仍有大片空白需要填补。此时，所知与仓央嘉措有关的美丽传说成了恰到好处的素材。

有时，因仓央嘉措而去追寻的并非历史琐细和岁月钩沉。于我而言，他的故事与他的诗，不只是一段历史，更是一处精神皈依。我与他的相处之道，一如与我的至亲之人，从来不是刨根究底、咄咄逼人。他愿意让我知道的，我铭记在心；他无力让我明白的，也无须锱铢必较。

就像旅人对玛吉阿米的执迷。

如今，拉萨八廓街头那座叫作“玛吉阿米”的黄色房子成了去往拉萨的部分旅人的必经之所。传说真真假假，然而情怀是真的。总有人去往“玛吉阿米”，只是单纯因为“仓央嘉措”四个字。哪怕只是坐一坐，喝杯咖啡，看市井和人群。

黄房子玛吉阿米（Yozuki 毛毛酱摄）

1682 年，五世达赖阿旺罗桑加措圆寂。五世的学生桑杰嘉措时任第巴[1]，是掌权的藏王。由于当年政治动乱，桑杰嘉措唯恐转世灵童遭害，便隐瞒了五世圆寂的消息，连转世灵童的寻找和确认事宜也在暗中进行。次年，也就是 1683 年，转世灵童出生在西藏门隅地区达旺一带。他就是后来的六世达赖仓央嘉措。

① 第巴：指由达赖任命，管理卫藏行政事务的最高官员，俗称“藏王”。

仓央嘉措的身份被隐藏长达十三年。1696 年，仓央嘉措的身份方才昭告。次年十月，仓央嘉措离开家乡来到拉萨，在布达拉宫举行了坐床典礼，始成为第六世达赖喇嘛。昔日在故乡纯真无忧的少年，猝然之间，成为万众敬仰的精神领袖，对仓央嘉措而言，惊大过喜。

历史上，唯有仓央嘉措的身份确认与坐床典礼是在时隔十余年的身份隐瞒之后方才完成。这种独特的经历使得仓央嘉措天然与旁人不同。彼时，他已非是未染红尘的赤子婴孩，而是情窦初开的玉树少年。总有一些什么，令他看待这个世界，要比旁人多出一分动心。

世人传说他的情感经历，也把他的诗歌解读为情诗。这些并不重要，重要的是，信徒们从未因此轻视他半分。反倒因为他真假参半的爱情故事，令芸芸众生对他多出一份发自肺腑的慈悲与爱顾。仿佛，他是信徒们精神净土当中万年难遇的一株草、一朵花、一抹温柔。

爱令人眼盲。

故而，时至今日，仍有各种版本的仓央嘉措情诗流传。有的出处可寻，有的无法辨认，有的真切，有的虚假。然而，这些诗歌都有一个避不开的共同点：言语之美令人惊艳。比如冯小刚电影里出现的那一首《见与不见》，当然也包括朱哲琴的那一首《信徒》。

作者当然不都是仓央嘉措。可是，依然有人愿意以这样或者那样的方式，将它们与仓央嘉措联系在一起。然而，单凭仓央嘉措的那两句“世间安得双全法，不负如来不负卿”，我也认为，他一定写得出无数拥趸心中恋慕着的那些美好的诗。

始终无法相信所有的传说都是空穴来风，一定是有迹可循的。只是那些线索，历经岁月淘洗，已然不再清晰。即便如此，我仍旧觉得，他一定是真的爱过。无论是仁增旺姆，还是达娃卓玛，抑或是传说中与他辗转生死的玛吉阿米，总有一些片段，以相似的模样发生过。

他的一生，跌宕不平，颠沛不息，在旧时代的政治阴谋里找寻生存的缝隙。在缝隙里，他仍然心向慈悲，也不与凡事红尘疏离，走过的路，爱过的人，都在他的笔下，织就一首又一首经久传唱的诗歌。与六世达赖这个宗教头衔相比，仓央嘉措铭刻于后世心中更重要的一个身份是——诗人。

他有六十多首藏文诗传世，译本甚多。

有曾缄翻译的七言绝句本。

曾虑多情损梵行，
入山又恐别倾城。
世间安得双全法，
不负如来不负卿。

有马辉翻译的白话本。

好多年了，你一直在我的伤口中幽居
我放下过天地，却从未放下过你
我生命中的千山万水，任你一一告别
世间事，除了生死，哪一件事不是闲事

只是，所有的翻译都是二次创作。不同译者，不同审美，呈现出来的仓央嘉措之美也不一样。从宗教史的角度来看，仓央嘉措并无重大功绩。与他的前世五世达赖阿旺罗桑加措相比，仓央嘉措不能算是一个成功的宗教领袖，甚至不能算是合格。可是，他依然是藏传佛教史上最受信徒与后人珍爱的上师。

因为，他离活佛最远。

因为，他离凡尘最近。

1702年，仓央嘉措二十岁。在扎什伦布寺，五世班禅罗桑益西为仓央嘉措授比丘戒当众遭拒，并且仓央嘉措还向五世班禅要求收回当年的沙弥戒。一生于政治争斗的夹缝中生存的仓央嘉措，日渐失去了少年时候原本有过的宗教理想。他一点一点抽离自己，彼时彼刻，他想要的，只是做一个寻常之人。

18世纪初，仓央嘉措再次卷入西藏政治斗争，成为了第巴桑杰嘉措和拉藏汗政权争夺的牺牲品。战争以第巴桑杰嘉措兵败告终，在拉藏汗的陷害之下，仓央嘉措被康熙下令押解进京。有人说，1706年冬，仓央嘉措在入京途中病逝于青海湖畔。

这一年，他只有二十三岁。

扎什伦布寺

然而，这并非是唯一说法。关于仓央嘉措之死，历来众口相异。也有人说，他并未病逝，而是以无上智慧与神力逢凶化吉，从灾难中脱身，一路南下，遍尝人间疾苦，证悟佛法。虽然这种说法可信度不高，但是很美。无人愿意相信他一生蹉跎、终局凄凉。

生生死死，都是平常。

其实，不必遗憾，无须惋惜，更毋庸喟叹。世事皆有注定。仓央嘉措一生苦难几何、欢愉几何，皆难以从头细说。还好，有他的诗歌。一首一首，让他虚实难辨的面容，以或柔软或温暖的方式，烙印于后人心中。在他的诗中，他永生无灭，活了一代又一代。活至今日，也会活到将来。

住进布达拉宫，
他是雪域最大的王。
流浪在拉萨街头，
他是世间最美的情郎。

若是没有你的传说，世界将会多么枯燥。

# 附 仓央嘉措情诗

## 信徒

朱哲琴

那一天
闭目在经殿香雾中
蓦然听见
你颂经中的真言

那一月
我摇动所有的转经筒
不为超度
只为触摸你的指尖

那一年
磕长头匍匐在山路
不为觐见
只为贴着你的温暖

那一世
转山转水转佛塔啊
不为修来生
只为途中与你相见

O2

# 长亭外，古道边，芳草碧连天

## 李叔同

2006 年，陈绮贞发表了一张 EP《快乐的夏天》。其中，有一首歌叫《送别》。当年，陈绮贞拥趸无数，传唱度高的作品不胜枚举，而我独爱那一首《送别》。不久之后，我开始写作，在处女作当中，也曾提过《送别》。2013 年，管虎的电影《厨子・戏子・痞子》再现《送别》。

电影令人印象深刻。除此之外，最难忘的便是朴树为电影唱的《送别》。较之于当年陈绮贞的版本，朴树演绎出来的味道更合乎当下听到的心情。他唱："问君此去几时还，来时莫徘徊。"纯净，缓慢，深沉，温柔，又有零星一点的伤感。似乎还有点别的什么。

对，他令我一直怀念李叔同。

1880 年 10 月 23 日，李叔同出生于天津桐达李家。李家世代经商，家境殷实。父亲李世珍，字筱楼，以字行世，清同治四年的进士，曾入仕为官，官至吏部主事，后子承父业，隐退经商，李家一度是津门巨富。李筱楼妻妾四人，姜氏、张氏、郭氏，唯一留下名字的女人便是李叔同的生母，四姨太王凤玲。

虽是庶出，但李筱楼老来得子，李叔同十分得宠。李家家境殷实，可子嗣不旺。王凤玲嫁过来的前两年，李家长子英年早逝。此时，李筱楼已六十七岁，长子的生母姜氏亦已老去。二姨太张氏所生的次子身体孱弱，三姨太郭氏无所出。故而，李叔同的出生成了李筱楼晚年最大的慰藉。

出生之日，李家举家大喜。李筱楼给幼子取名李文涛，字息霜，乳名成蹊。语出《史记》：“桃李不言，下自成蹊。”世事有因循。李叔同的父母都笃信佛教。饱读经史子集的李叔同，小时候最喜欢的却是学僧人作法的模样玩，用夹被或床罩当袈裟，在屋里或炕上念佛。

五岁那年，李筱楼去世。父亲走后，王凤玲与李叔同母子二人的生活便不同往日。庶出的李叔同和身份卑微的母亲，失去了父亲的庇护，在李家这样一个大家族里难免处境尴尬。好在母子羁绊甚深，相依为命之中总有温柔。1897 年，十八岁的李叔同在母命之下，娶茶商之女俞氏为妻。

也是那时，李叔同开始学习音乐和作曲。毕竟是李家公子，他也曾游龙戏凤，过了几年放浪形骸的生活。后来，他考入上海南洋公学“经济特科”，师从蔡元培，同窗多是少年才子，有黄炎培，有邵力子，有谢无量。这一年，他二十一岁。

在母亲面前，李叔同慧根再深也不足以令他脱胎换骨。世上风花雪月，见惯了，也不过如此。回头一看，母亲仍在，这才是李叔同年轻的生命当中最重要的精神皈依。可他忘了，有一日，他的母亲也避不开生老病死。1905 年 3 月 10 日，王凤玲去世。

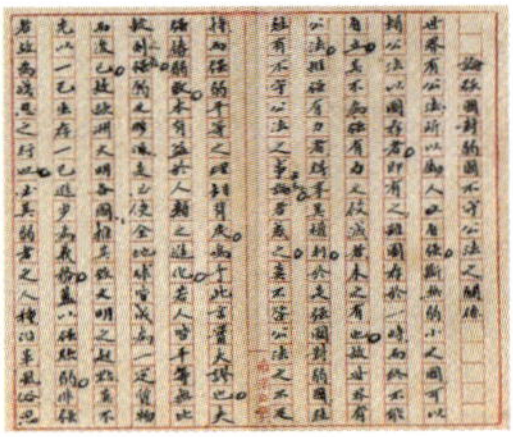

南洋公学（左）

1902 年，李叔同在南洋公学受业于蔡元培门下时作业手稿（右）

许是那时，他明白了一些什么。

比如，世事无常。

比如，世相虚妄。

比如，世心无挂。

母亲去世之后，李叔同携眷护柩，回到天津。那时，他已是父亲，有两个儿子。在天津安置好妻儿之后，他决定东渡日本。母亲不在了，仿佛母命下与俞氏的婚姻也不可与从前同日而语。又或者，娶俞氏为妻，原本只是因着自己对母亲的一颗极孝之心，并无其他。

如今，他是想要与过往疏离了。

是年，李叔同考入东京上野美术专门学校，研习西洋油画。当时有三十人报考，只录取五人，当中只有李叔同和曾孝谷两名中国人。在东京，李叔同改名李哀，并剪掉了旧日长辫。三千发丝三千烦恼，也不知是有心还是无意，他一点一点，身在红尘中，心在红尘外。

只有深刻经历，才能彻底放下。

东渡日本时期，李叔同在美术、音乐、话剧等各方面皆有造诣。学习西洋油画，避不开人体写生。因此，他与当时的房东之女（真名不详）发生了一段旷世之恋。那个年代，裸体模特难寻，为了画画，李叔同只能向房东之女求助。不想，她很快答应。

可能，她对李叔同早已情意暗生，只是胆怯、不敢言语。这一回，他来找她帮忙，也是命定的缘分。与日本女子的这一段恋情长达六年。她成为李叔同在异国他乡唯一的精神慰藉。后来，李叔同回国，日本女子也跟随在侧，成了李叔同背后有名无分的女人。

1906 年，李叔同还在东京编写了《音乐小杂志》，在东京印刷，在上海发行，成为中国第一份音乐类杂志。同年，还与同窗创办了中国第一个话剧团“春柳社”。当年，为了排演话剧《茶花女》，李叔同倾尽全力，甚至还亲自反串出演茶花女玛格丽特一角。剃胡，节食，束腰。还请来日本戏剧泰斗藤泽浅二郎担任话剧《茶花女》的导演。

1911 年 3 月，李叔同携日本女子一起回国。回国之后，

李叔同油画作品

1907 年《茶花女》在东京首演后，李叔同与友人合影（左）
李叔同饰演《茶花女》中的女主角玛格丽特（中）
李叔同在《黄天霸》中的造型（右）

由于辛亥革命的爆发，桐达李家乱中破产，李叔同开始自食其力，当了一名教师，先后在天津直隶高等工业学堂、上海城东女学、浙江两级师范学堂任教，教美术或者音乐。其间，他也曾担任过《太平洋报》的主编兼主笔。

当年，丰子恺便是他的学生。

丰子恺回忆恩师，曾说：

高高的瘦削的上半身穿着整洁的黑布马褂，露出在讲桌上。宽广得可以走马的前额，细长的凤眼，隆正的鼻梁，形成威严的表情。扁平而阔的嘴唇两端常有深涡，显示和蔼的表情……讲桌上放着点名簿、讲义，以及他的教课笔记簿、粉笔。钢琴衣解开着，琴盖开着，谱表摆着，琴头上又放着一只时表……李先生端坐着。坐到上课铃响出，他站起身来，深深地一鞠躬，课就开始了。

上课的时候，他总会事先在黑板上写好课堂上所需要的内容。虽然他为人温和，但是课堂气氛仍然严肃。对待教学，他始终井井有条，一丝不苟。有学生犯错，他不会立刻责罚，等到下课待其他学生离开之后，他才会轻声将犯错的学生留下，指出他们的过失，说完还会起身向犯错学生深鞠一躬。

为人处世，循循如也。

那年冬天在上海，李叔同的好友许幻园来找。在李叔同的住处外，许幻园大喊李叔同的名字。李叔同连忙来见，不料许幻园说，许家和李家一样，也已破产，他要离开上海，特来与李叔同告别。雪很大，李叔同目送雪中好友离去的孤影，心中慨然。此情此景，令李叔同写出了那一首传世的《送别》。

长亭外，古道边，芳草碧连天。
晚风拂柳笛声残，夕阳山外山。
天之涯，地之角，知交半零落；
一壶浊酒尽余欢，今宵别梦寒。

这首歌，词出李叔同之笔，曲子来自19世纪末美国作曲家奥德威的《梦见家和母亲》。这支曲子，曾被日本诗人犬童球溪填词创作成日文版歌曲《旅愁》。李叔同便是在《旅愁》的基础之上创作出《送别》。一首《送别》，道尽人世之离散与世情之无常。

1918年，正月，李叔同三十八岁。这一年，他做了一个令人震惊的决定。他把自己平生藏屋大半的西洋油画和美术书籍送给了北京美术学校；把自己平生自刻和友人刻赠的九十三枚印章赠与杭州西泠印社；把自己平生收藏的字画悉心装裱后送给了友人夏丏尊；把自己平生集纳的音乐和书法作品送给了学生刘质平。

最后，他带着几件粗布衣裳，两本佛典，竹杖芒鞋，来到杭州大慈定慧禅寺，剃度出家。法名演音，号弘一，并在灵隐

寺慧明法师座下受具足戒。那一天，是大势至菩萨的诞辰之日。李叔同出家一事，令他的两个女人，家妻俞氏与日本女子肝肠寸断。刹那间，她们爱过的李家公子消失不见。

谁能料到？

曾经鲜衣怒马的富家少爷会弃绝红尘。
昔日指尖生花的一代才子会抛书掷画。

然而，他做了。

锦衣玉食，他有过。
世事繁艳，他见过。
爱之旖旎，他历过。

李叔同自画像

有人说，日本女子曾追至西子湖畔问过他：爱是什么？弘一法师说：爱就是慈悲。告别的时候，弘一法师送了她一块手表，让她回日本重新过属于她自己的生活。可生活是什么？你不在，哪里还有生活？据说，就此一别，日本女子再无音讯，此生二人再未相遇。连发妻俞氏去世，他也未能出现。

他把前半生给了红尘细软。

他把后半生给了佛典梵音。

他把是是非非交给了尘埃。

他的一生一世恰如他所写：悲欣交集。

1942 年 10 月 13 日，弘一法师于温陵养老院圆寂。

终年六十二岁。

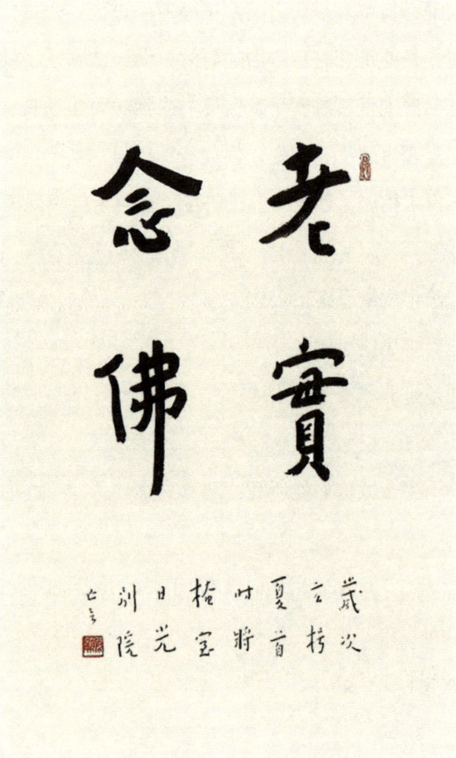


李叔同书法作品

附

# 李叔同经典歌集

## 春游

春风吹面薄于纱，春人妆束淡于画。
游春人在画中行，万花飞舞春人下。
梨花淡白菜花黄，柳花委地芥花香。
莺啼陌上人归去，花外疏钟送夕阳。

## 忆儿时

春去秋来，岁月如流，游子伤漂泊。
回忆儿时，家居嬉戏，光景宛如昨。
茅屋三椽，老梅一树，树底迷藏捉。
高枝啼鸟，小川游鱼，曾把闲情托。
儿时欢乐，斯乐不可作。
儿时欢乐，斯乐不可作。

## 早秋

十里明湖一叶舟，城南烟月水西楼，
几许秋容娇欲流，隔著垂杨柳。
远山明净眉尖瘦，闲云飘忽罗纹绉，
天末凉风送早秋，秋花点点头。

## 悲秋

西风乍起黄叶飘，日夕疏林杪。
花事匆匆，梦影迢迢，零落凭谁吊。
镜里朱颜，愁边白发，光阴暗催人老。
纵有千金，纵有千金，千金难买年少。

## 长逝

看今朝树色青青，奈明朝落叶凋零。
看今朝花开灼灼，奈明朝落红飘泊。
惟春与秋其代序兮，感岁月之不居。
老冉冉以将至，伤青春其长逝。

## 冬

一帘月影黄昏后，疏林掩映梅花瘦。
墙角嫣红点点肥，山茶开几枝。
小阁明窗好伴侣，水仙凌波淡无语。
岭头不改青葱葱，犹有后凋松。

## 清凉

清凉月，月到天心，光明殊皎洁。
今唱清凉歌，心地光明一笑呵。
清凉风，凉风解愠，暑气已无踪。
今唱清凉歌，热恼消除万物和。
清凉水，清水一渠，涤荡诸污秽。
今唱清凉歌，身心无垢乐如何。
清凉，清凉，无上究竟真常。

# 03

## 唯一能够支持我前进的动力，就是你在这个世界上

## 可可·香奈儿

人可以有几种居住方式呢?

租一处别人的。

造一处自己的。

或车马为骑，路上行游?

生之琐细与艰辛，无非衣食住行，最难的是“住”。人得有个家。故而，无房的人生，听上去令人惶恐，仿佛无房便无家。而我不觉得。什么才是家?你爱的人在哪儿，哪儿便是家。一如《增广贤文》所云：“良田万顷，日食一升。大厦千间，夜眠八尺。”你需要的，从来不应该只是一座大房子。

遇见可可·香奈儿，你会发现另一种居住方法。她的一生有三十年住在酒店里。人生，不过借凡胎肉身在喧嚣人间来去一回，从来都是客行途中。好比《昭明文选》里的那两句诗："人生如寄，多忧何为。"中国人的智慧，可可·香奈儿竟理解得最透彻。是为女子，没有人比她活得更任性。所谓"任性"，也是"随心"。

来，我们聊聊可可·香奈儿。

## 二

1883 年 8 月 19 日，法国曼恩－卢瓦尔省的索缪济贫院，一个叫作让娜的二十岁女子产下一名女婴。她叫嘉柏丽尔·香奈儿。可可，是她后来自己取的名字。这是让娜和那个叫作阿贝尔的男子所生的第二个女儿。阿贝尔从未想过结婚。两个女儿，相继都成了私生女。嘉柏丽尔十五个月大时，让娜方才成为合法母亲。

嘉柏丽尔之后，让娜还生了三个儿子和一个女儿，最小的儿子早夭。父亲阿贝尔太年轻了，想要过的仍旧是自在无拘的浪荡生活。他很少在家。让娜一个人拉扯六个孩子过着贫苦的生活。反复怀孕让她的身体每况愈下。1895 年，2 月寒冬，疲惫的让娜因肺病，在家中那张冰冻刺骨的床上离开人世。

那一年，嘉柏丽尔刚满十二岁。

连让娜去世的时候，阿贝尔都不在身边。还能指望他什么呢？很快，不堪负重的阿贝尔便回来把两个儿子送给别人当免费的童工，又把几个女儿送去巴黎附近一个叫作“玛利亚圣心会修道院”的孤儿院。修道院所在的村庄叫作奥巴辛。多年以后，它因为嘉柏丽尔名满世界。然而，阿贝尔去了美国。

在孤儿院，她生活到十八岁。

最好的少女时光，她在那个充满米色窗框和马赛克走廊的孤儿院里度过。她出身寒微，从不是什么天之骄女。父母都是普通的行游商人，走集串市，兜售围裙和罩衫。岁月待她，始终未见温柔。不见明媚，只有潮湿。在修道院，她学会了裁裳

童年时期的香奈儿

缝衣。日子在她手中，她靠着一针一线，缝出了自己举世无双、无可替代的一生。

十八岁，嘉柏丽尔离开了孤儿院。

成人之后，只有继续请愿当修女的人才能留在修道院。嘉柏丽尔自然不愿。好在，父亲兄弟姐妹很多，据说有十八个。当中，两个姑母与嘉柏丽尔亲近。最小的姑母阿德里安娜只比她年长一岁，与她最是亲密，一同走过很多年。年长的姑母露易丝没有子女。离开修道院之后，嘉柏丽尔去了姑母露易丝所在的城市。

阿列省首府，穆兰。

姑母待她很好，除了帮助嘉柏丽尔提升自己的缝纫技巧，还从报纸上剪下连载的言情小说给她看。她最爱皮埃尔·德库尔塞勒的小说。她在别人的故事里，看到从来不曾了解的人情物事。世间情意，最是婀娜。哪怕在露易丝处，她也知道那不是自己的家。小说，让她对家、对爱有了深之又深的向往。

后来，露易丝帮她物色了一所教会学校。从小到大，她都不怎么起眼。贫穷人家的寻常女孩，没有什么可以令她与众不同的资本。直到，教会学校的校长帮她在一家针织品铺子找到了一份店员兼缝纫女工的工作。这份工作让她与隔壁一家的裁缝相识。

有时，嘉柏丽尔也为隔壁的裁缝做些针线活。有一次，裁缝让她去给附近的驻军军官们缝补裤子。她便去了。她身材小巧，可是眼神倔强。也是那次，她才意识到自己已出落成一个令男子频频回顾的美人。军官们邀请她去参加为驻军举办的音乐会。她得去为军人表演。

可是，她表演什么呢?

对了，她会唱歌。她唱了一首《谁见过可可？》。那首歌，写的是一名丢了爱犬的少妇。曲调欢快活泼，嘉柏丽尔唱得也好，惹得在座的军人们不停唤她“可可”。她于是拿走了歌中那条走失的小狗的名字。可可·香奈儿，这个名字的来源并无什么惊心动魄的故事，也无什么神秘莫测的因果。

它来得简单、纯真又干净。

## 三

一个名字的诞生，寓意无限。生命旅途变幻莫测，不经意的一个眼神、一次皱眉，说不定就会改变你的一世一生。如果没有露易丝，便没有教会学校。没有教会学校，便没有穆兰的那份工作。没有工作，她也不会认识那个裁缝去给军官补衣。又怎么还能遇到艾提安·巴勒松?

艾提安曾是一名军官，他是嘉柏丽尔生命里的第一个男人。她是在距离穆兰不远的维希遇到艾提安的。艾提安是富家子弟，比嘉柏丽尔大三岁。于嘉柏丽尔而言，她对艾提安谈不上爱，可是迷恋。她迷恋的是，艾提安带给她的上流社会的奢华日常。

1905 年，她离开穆兰，追随艾提安去了他的庄园。这座庄园位于霍亚里越，由一所古修道院改建而成，紧邻贡比涅国家森林。艾提安家业庞大，擅长骑马，社交甚广。他有很多情人，嘉柏丽尔成了其中之一。这段日子对嘉柏丽尔来讲，看似无忧无虑，可是并不容易。

依赖艾提安的日子，她竭力丰盛自己，想要变得与其他女人不一样。她从来不想当“其中之一”，她想要的是“唯一”。她也会骑马，在马场，浓妆艳抹的情妇们穿着夸张繁复的华服争奇斗艳。唯独她不同，她穿男装，外套、裤装、白衬衫、打领带，还有一顶寓意深刻的帽子。潇洒之余，又令人惊艳。

男装，一点也没有掩藏她的美。

1908 年，她遇到了艾提安的英国朋友，亚瑟·卡柏。这个被人称作“卡柏男孩”的富商，成了嘉柏丽尔的此生至爱。如果说，与艾提安在一起的生活给了她奋斗并独立的意愿，那么亚瑟给她的就是香奈儿时尚帝国的动力和基石。艾提安的情人那么多，嘉柏丽尔又不是最年少的那一个，她看不到未来。

英俊多金的亚瑟也是一样。他从来不缺少投怀送抱的美人，甚至是有夫之妇。可在亚瑟眼中，无人能与嘉柏丽尔相比。她从来不是最美的那一个，却是最特殊、最无可替代的那一个。

香奈儿与卡柏男孩（Sem）

香奈儿在女帽店（Sem）

艾提安的风流，嘉柏丽尔不能忍。亚瑟的风花雪月，嘉柏丽尔却一一咽下。世间，恐怕再没有人比嘉柏丽尔更爱亚瑟了吧。

亚瑟呢？他待嘉柏丽尔与任何女子都不一样。当她一颗心疲惫不堪，时时觉得自己会晕倒时，亚瑟说：“如果你觉得要晕了就倒下吧。我就在这儿，你不会有事的。你晕倒时我就在这儿。”如果她不是嘉柏丽尔，亚瑟随时都可以离开她。可是亚瑟没有，他离不开。

1909年，为了亚瑟，嘉柏丽尔离开了艾提安，跳上火车，与亚瑟来到了巴黎。1910年，在亚瑟的资助下，她买下了康朋街21号。这是她的第一家女帽店，Chanel Modes。她受够了名媛们那些浮夸、不实用，甚至随时会掉的帽子。她要做出只属于自己的帽子。最初的嘉柏丽尔，只是想好好做出一顶实用的帽子。

她的帽子，简洁优雅，宽大硬朗，以羽毛或缎带点缀，干净利索。是当时女子从未见过的。一经推出，便在巴黎的名媛社交圈里广受追捧。无论是豪门千金，还是当红女星，都分外迷恋嘉柏丽尔的帽子。10月，在巴黎《戏剧画报》杂志上，

她首次公开自己的肖像，戴着她自己设计的帽子。

1912 年，巴黎的《时装杂志》竟然用一整版的篇幅报道了嘉柏丽尔和她的帽子。在巴黎时尚圈，这个未满三十岁的女子初露锋芒，一鸣惊人。很快，她便开始设计服装。1913 年，在诺曼底海滨的度假小城杜维埃开设了第一间个人品牌服饰店，贩售帽子和衣裳。海，给了她更多的灵感。1915 年，又在比亚利兹开了新店。

她的设计，最讲究舒适与自如。

浮夸的设计比比皆是。可是，一件衣裳连穿着舒服都做不到，怎么谈论时尚呢？又或者，从一开始，嘉柏丽尔的时尚观念便与造作惯了的旁人不同。最简单的嘉柏丽尔竟成了时尚圈最特别的存在，实在戏剧。再没有一件衣裳能比穿着无拘无束更令人着迷的了。

嘉柏丽尔的名字，开始变得家喻户晓。后来，一次小火灾烧焦了她少量的头发。她一狠心，拿起剪刀剪掉长发，又脱掉了易脏的衣服，换上了一身黑裳。一头干净爽利的短发和黑色连衣裙，令她再次成为社交名媛们争先模仿的对象。刹那之间，她的一举一动都是潮流。

那些年的巴黎，犹如文艺复兴时期的佛罗伦萨或是米兰。无论是绘画还是雕塑，无论是文学还是时尚，每一个领域都涌现出无数先锋前卫的

香奈儿的设计手稿

杰出之人。毕加索、胡安·格里斯、莫迪里阿尼、马克斯·雅各布、皮埃尔·勒韦迪，还有嘉柏丽尔·香奈儿。每个人，都是文艺史册上的一页传奇。

当年，亚瑟出资给嘉柏丽尔开店。他想，她大约也是一时兴起，设计、制作并兜售服饰并不是一件容易的事，或许她累了便消停了，终会好好地、静静地待在自己的身旁。可是，嘉柏丽尔没有他想象的那样容易放弃。有一天，亚瑟忽然忧郁地对嘉柏丽尔说：

> 我以为我给了你一个玩具，
> 而我给你的是自由。

1918年，嘉柏丽尔买下了三层楼的康朋街31号。在这里，她创立自己的精品店、工作室与时尚沙龙。她亲力亲为，所有内饰都是亲手设计。这里，慢慢成为多年之后的香奈儿总部，成为巴黎时尚的聚焦之所，也成为世界潮流的风向标。它犹如一个魔盒，一明一暗之间，就变幻出闪光之美。亚瑟说得一点也没有错。

嘉柏丽尔，从时尚当中得到了自由。

1919年12月21日，亚瑟遭遇一场车祸，意外离世。嘉柏丽尔从没有想过，有一天亚瑟会离开自己。狮子座的嘉柏丽尔，犹如一朵桀骜的水仙，孤傲一世，如今却刹那萎谢。她曾对亚瑟说："一天又一天，唯一能够支持我前进的动力，就是你在这个世界上。"可是，他突然离开，剩她一人在这人世。

她该如何前进呢？

香奈儿著名的双C商标，既是可可·香奈儿（Coco Chanel）的首字母组合，也有香奈儿（Chanel）和卡柏（Capel）的联结暗示。他们甚至一起养育了孩子，那个身份成迷的安德烈·帕斯拉。有人说是嘉柏丽尔的外甥，有人说是她自己的私生子。而这，并不重要。亚瑟愿意和嘉柏丽尔一起照顾这个孩子。

亚瑟是计划过娶嘉柏丽尔的。

运命不允，就差一点点，他们就结婚了。也就是差的那么一点点，亚瑟走了，嘉柏丽尔终身未嫁，孤独至老。1920年8月，嘉柏丽尔在悲痛中离开巴黎，去了威尼斯。她当真需要，离开这个她开天辟地的城市，静一静。每一条街巷，都是往事。这实在太可怕了。她曾对好友保罗·莫杭说：

失去了卡柏，我失去了一切。

在威尼斯的丽都岛，嘉柏丽尔遇到了俄罗斯芭蕾舞团的创始人塞尔吉·迪亚吉列夫。每个人在深陷岁月泥沼，无法自拔、几近窒息的时候，都渴望能有人伸手拉一把。那人通常是至亲，有时会是朋友。于嘉柏丽尔而言，那人是陌生的塞尔吉。艺术，令她的一颗心得到了平静。威尼斯，成了她最爱的城市之一，塞尔吉成了她的至交。

## 四

1921年，嘉柏丽尔在比亚利兹邂逅了流亡法国的俄罗斯贵族狄米崔大公。狄米崔大公痴迷嘉柏丽尔，两人曾有一段短暂的恋情。于嘉柏丽尔而言，那段恋情远不如由狄米崔大公而认识的一个人重要。那个人就是调香师恩尼斯·鲍，一个出生在莫斯科的法国人。是年，她和恩尼斯·鲍调制出了自己的第一款香水：香奈儿5号。

狄米崔大公

业界传奇香奈儿5号，由此诞生。

5，是嘉柏丽尔的幸运数字。据说，二战结束后，在巴黎的美国大兵们总会在香奈儿精品店门口排起长队，只为给家中那个殷殷盼着他们归去的女子带一瓶香奈儿5号。数十年后，香奈儿5号成为玛丽莲·梦露最爱的香水，安迪·沃霍尔也曾以香奈儿5号为题创作。香奈儿5号，成了业界的一次革命，也是香奈儿旗下最赚钱的产品。

除了香水，还有她的服饰。她曾说：“在巴洛克风格中，装饰抹杀了线条，过度窒息了人体……繁琐的图案，层层叠叠，令人喘不过来气的蕾丝、刺绣、薄纱、荷叶边，已经使女人沦为悼念那已过时的浮华艺术的纪念碑。裙摆扫起灰尘，七彩霓虹能折射出的千般光彩，都被杂糅在一起，反而失去动人的颜色。”

她要的就是纯净、简洁、自由、合乎时宜。

1923年，举世闻名的“香奈儿套装”诞生。黑色羊毛面料，丝质内衬，精致剪裁，缝金色纽扣，缀以大颗珍珠，配齐膝短裙。这就是最经典的“香奈儿套装”。她是那样迷恋黑色，纯粹、深邃、幽静、娴雅。她说：“我是如此热爱黑色，它的力量，穿越时空，横扫万物。”

她用最无瑕的黑色，征服了世界。

也征服了无数男子。其中，就有英国首富西敏公爵二世。据说，当有过两段婚姻的西敏公爵向嘉柏丽尔求婚时，她拒绝了。后来，曾有人问她为什么，她说：“已经有太多公爵夫人了。然而只有一位可可·香奈儿。”这句话后来变成“公爵夫人可以有很多，但可可·香奈儿只有一个”，被无数独立女性推崇。

1924年，芭蕾舞剧《蓝色列车》在巴黎香榭丽舍剧院首演。

这出舞剧史诗一般地印刻在芭蕾舞史册上，创作阵容之强大史无前例。剧本是尚·考克多写的，配乐由达律斯·米尧创作，雕塑家亨利·劳伦斯负责舞美，舞台布幕请到了毕加索来绘制。嘉柏丽尔则以自己的 Jersey 针织系列为灵感，为艺术家们设计了演出服装。

她对时尚的理解令所有人望洋兴叹。那时候的巴黎是嘉柏丽尔的天下。她说：“一件衣服不是一出悲剧、一幅画，它是动人却昙花一现的创作，却非永恒的艺术品。时尚必须逝去，而且转瞬即逝，这样商业才能存活……时间越短暂就越完美。你不能去守护已经逝去的东西。”

20 世纪 30 年代，嘉柏丽尔去了美国。美国之行，缘起于狄米崔大公。在他的引荐之下，嘉柏丽尔与好莱坞著名制片人萨缪尔·高德温相识。时装与电影原本关联紧密。两人一见如故，谈创作，谈灵感，也谈到了合作。在萨缪尔的盛情邀约之下，嘉柏丽尔来到了好莱坞。

可惜，在好莱坞，嘉柏丽尔的发展并不平顺。她为好莱坞电影设计制作的演出服并不能确保电影会卖座。人人都指望嘉柏丽尔的加入能让自己的电影一鸣惊人。然而，服装造型从来也不是电影成功的核心。电影失败了，反倒成了嘉柏丽尔的错。这令嘉柏丽尔心灰意冷。

重返巴黎之后，二战爆发。

无休止的政治暴动。
无限期的经济萧条。

嘉柏丽尔的事业遭遇瓶颈。

人人都以为，嘉柏丽尔的传奇就此结束。谁能想到，二战结束后，嘉柏丽尔会卷土重来。1953年，七十岁的嘉柏丽尔东山再起。第二年，她就发布了战后复出的第一个时装系列。随着巴黎各大奢侈品品牌不断地推陈出新，嘉柏丽尔的新作在巴黎显得

反响平平，甚至有人不怀好意地预测“香奈儿”会在五年之内倒闭。

然而，大洋彼岸的美国人站了出来。他们对嘉柏丽尔的认同和追捧，让“香奈儿”重又变得无可替代。1954 年 3 月 1 日，美国的 *Vogue*、《生活》杂志纷纷报道嘉柏丽尔和她的作品，对她充满期待。《生活》杂志更是用了整整四页的篇幅描述了嘉柏丽尔和“香奈儿”的故事。

美国模特玛丽 - 赫莲娜 · 阿尔诺在 *Vogue* 杂志上的香奈儿套装和连衣裙的展示，让香奈儿的美国订单刹那涌来。玛丽 - 赫莲娜，也成了“香奈儿”在美国的御用模特。美国人的肯定让嘉柏丽尔十分感动。好莱坞的当红女星们，无一不成为“香奈儿”的拥趸，奥黛丽 · 赫本更是将“香奈儿”的小黑裙穿成了世纪经典。

可是，传奇终要落幕。

# 五

她当了别人一辈子的情人，却终身未嫁。爱情无须用婚姻证明。对她来说，爱情从来都只是她传奇一生的零星点缀。总有人觉得，嘉柏丽尔是在男人堆里游刃有余才打出了天下。可是，如果没有香奈儿，还有谁会记得她曾经遇到过的那些男人？然而，寂寞一定是有的。

然而，她一生遒劲，从不妥协。

然而，她一生铿锵，从不怯懦。

1971年1月10日，周日。八十八岁的嘉柏丽尔前一天还在工作，设计最新系列的女装。这一天上午，她没有出门，在家里梳妆打扮，等着会见朋友，共进午餐。她的家就是丽兹酒店六楼里她独居了三十四年的一间套房。丽兹酒店距离她的工作室只有几步路，没有什么比她的工作更重要。她在哪儿，她的家就在哪儿。

下午，与朋友告别回到酒店的时候，已近黄昏。突然之间，她觉得很累，唤来女佣，便脱衣上床休息。晚上八点，嘉柏丽尔突然醒来大喊女佣的名字，她需要药。注射药水的时候，她还对女佣说："你看，这就是一个人如何走向死亡。"她是那样的镇定，镇定到仿佛生与死从来都在她的掌握之中。

她走的时候，身旁无人。

月光照进她的卧房，你依然能够看到里面的中国乌木漆面屏风上的雕刻。那是一只白羽凤凰，山茶花盛开在它的身旁。嘉柏丽尔走后，她的寓所大门紧闭。可是，"香奈儿"工作室的灯还亮着。寒冬深夜，仍有人在里面工作，工作结束，关灯下楼，出门离开。第二天，巴黎从沉默里苏醒，又一日璀璨光景。

太阳照常升起，"香奈儿"照常营业。

04

# 有限温存，无限辛酸

## 查理·卓别林

一

破旧的圆顶礼帽。

一撮浓密的胡子。

窄小紧身的夹克。

肥大松垮的裤子。

不合脚的大头鞋。

一根竹杖不离手。

展开面前的海报，看到他，刹那欢喜。有的人，总能在你难过时逗你一笑。笑过之后呢？你会发现，你变得惶恐，甚至忧伤。因你希望那快乐久一点，久到你能确定它曾真切存在过，哪怕只是一瞬间。快乐，是世上最干净的东西。可是，凝视海报里的他，却又忽然十分惆怅。

快乐给了别人，那他自己呢？

1889年4月16日，查理·卓别林出生在英国伦敦南沃克区东沃尔沃斯大街，本名查尔斯·斯宾塞·卓别林。母亲汉娜·希尔出身寒微，是修鞋匠之女。父亲老查尔斯·卓别林的家境好些，父母是屠夫和税务员。夫妻两人都十分热爱艺术。结婚之后，他们卖艺表演，以此谋生。

可惜，在老查尔斯去美国演出期间，汉娜的一次红杏出墙，毁掉了这个家庭。最令老查尔斯无法接受的是，汉娜的出轨让她意外怀孕，替别人生了一个儿子，惠勒·德莱登。查理很小时，父亲便离开了汉娜，离开这个他再也无法隐忍居住的家，成了一个失意落魄的酒鬼。

家中，查理还有年长自己四岁的亲哥哥，西德尼·卓别林。父亲离开之后，汉娜独自抚养卓别林兄弟，日子过得清苦艰辛。可说起来，这到底是谁的错呢？好在她长得秀丽，又有一副好嗓子，在戏院表演，让日子勉强可以支撑。工作时，汉娜都会带着两个儿子。戏院成了卓别林兄弟最熟悉的地方。

可是，有一天，汉娜的嗓子坏了。孤身一人抚养孩子令她日夜疲惫，终究是毁掉了她的嗓子。嗓音突然沙哑，继而无声，她的表演不得不中断。台下的观众一片嘘声，闹哄哄的羞辱之下，汉娜被赶下舞台。她哭了。在后台看着这一切的卓别林兄弟紧张又害怕。

然而，事情还没有坏到无可挽救的地步。无人知道，他是哪里寻来的勇气，又或者他的胆识和魄力从来都是天性里的一部分。卓别林兄弟里那个小一点的孩子，突然跑上了舞台。他的出现令所有人措手不及。几乎在戏院长大的他，对母亲的表演耳熟能详。

不管不顾，他便开口唱了。

也不知是什么时候，台下的乌烟瘴气和无休吵闹突然退去。全场鸦雀无声，都在听这个孩子唱歌。慢慢地，有人开始欢笑。慢慢地，有人开始吹口哨。慢慢地，有人开始鼓掌。最后，这个孩子又唱又跳，许多硬币丢上了舞台，在他的身旁四散开来，如同烟花。

汉娜没有想到，年幼的儿子挽救了自己毁掉的演出。这个孩子的表演令观众惊动，也令戏院上下刮目相看。等他下台，戏院经理跑来问他叫什么名字，他说："查尔斯，查尔斯·卓别林。"站在一旁的汉娜，看着这一幕，本应欣慰，可是心中却只有无限辛酸。这一年，他才五岁。

可是，汉娜的工作还是丢了。童年时代的查尔斯备尝人世之艰苦。母子三人租住的小屋连房租都无法交付。在学校，穿着用母亲的演出服改做的衣裳令兄弟二人常常遭受讪笑、嘲讽和欺辱。母亲靠替人缝衣补裳赚取微薄家用，可是，远远不够。哥哥西德尼小小年纪便要上街卖报。

7岁时的卓别林（最下排中间）

那时，查理太小，什么也做不了。

最后，母子三人只能住进兰伯思济贫院。兄弟两人也只能去汉威尔济贫学校读书。底层生活令幼小的查理尝尽世间疾苦。母亲的身体又开始不好，常常头痛，精神状态每况愈下。母亲病重住院期间，卓别林兄弟被法院裁定要和父亲一起生活。

可是，和老查尔斯同居的女人对卓别林兄弟很不友善。流浪在外的父亲老查尔斯本是一名成功的哑剧演员，可是多年酗酒早已令他失去了表演欲望，生活也不宽裕。母亲的情况每有好转，便会出院，但终究回不到从前。两个少年在父母处来回徘徊，日子从未安稳。

## 二

1898 年，查理九岁。生计依然是家中最大的难题。十几岁的哥哥早早便出去工作，查理的生活成了问题。老查尔斯多年的表演经历令他在表演圈内有些人脉，兰开夏剧团的经理威廉·杰克逊是他的朋友。在老查尔斯的引荐下，未满十岁的查理得以进入兰开夏儿童剧团。

忽然之间，运命之严苛仿佛不似从前。进入兰开夏，查理解决了吃住的事情。表演，刹那之间成了少年查理的生计。庆幸的是，他热爱这门职业。不知是从父亲处继承的天赋，还是从母亲处积累的经验，在兰开夏期间，少年查理慢慢体尝到了表演带给自己的欢愉。

1901 年，老查尔斯病逝。哥哥西德尼因工作出海在外。母亲的精神状况极具恶化，最终只能长居精神病院疗养。忽然之间，查理无依无靠。等到西德尼出海归来，家中只剩兄弟二人相依为命。说到底，表演是他们最擅长的事情。1903 年，四处找寻表演机会的卓别林兄弟，加入了布莱克莫尔剧团。

日子终于开始好转起来。

不久，西德尼被著名的弗雷德·卡诺哑剧团经理弗雷德·卡诺看中。可是查理没有，总被人嫌弃年纪太小。西德尼哪里放心得下查理？几番周旋，终于在西德尼的力荐之下，弗雷德·卡诺也让查理进入剧团。谁能想到，数次表演下来，查理得到的掌声竟是剧团最多的。哑剧，终让查理成名。

弗雷德·卡诺哑剧团成为查理人生之转折。

少年卓别林

他不仅在表演中遇见初恋，也第一次来到了美国。初恋海蒂·凯莉比查理小四岁。可惜，世间初恋多半都是用来分手的，查理也不例外。当海蒂父母得知两人相恋，立刻强行逼迫二人分开。那一年，查理只有十九岁，也实在没有底气，争取自己的爱情。

好在还有表演，慰藉一个少年残损的心。

1910 年，二十一岁的查理跟随剧团来到美国。此时，他在剧团当中的分量举足轻重。弗雷德不断给查理加薪，以激励他更加卖力地表演。从纽约开始，剧团先后到达加利福尼亚州、英国等地，进行为期二十周的巡回表演。查理的表演得到了越来越多的肯定和关注。

彼时，卓别林兄弟二人的生活状况已不似当初困窘。两人都过得不错。日渐淡出表演的西德尼已经在伦敦娶妻成家。只有母亲仍然病重。演出结束回到伦敦的查理，与哥哥商量，一起把母亲送进了一家条件更好的私人医院疗养。安顿好母亲，查理终于可以心无旁骛地表演。

所有苦难，都应该被尊重。

所有幸福，都必须被珍藏。

1911 年，他再次来到美国演出。每个人的人生走向，仿佛都冥冥中自有安排。每一种挫折、困苦都会令你成为不一样的人。每一次相遇、相识都会令你开始一段新的旅程。这一次，查理便得到了好莱坞基石喜剧公司导演麦克·森尼特的赏识。

1913 年 5 月，二十四岁的查理来到了好莱坞，加入了基石喜剧公司。虽然电影刚刚兴起，尚处于默片时代，但是电影与哑剧有本质的不同。然而，当时的电影都是几分钟或者十几分钟的短片，不但无须台词，甚至连剧本都没有。起码在基石，剧情都是一边拍摄一边拼凑。

查理跟基石的合约规定，他必须无条件出演被分配到的任何一部电影中的任何角色。没有选择权，更不能为其他电影公司表演。这令查理一度举步维艰。然而，所有的道路都是自己选的。他只能在逆境当中求生。而这，不就是查理在年轻的岁月里一直做的事吗？

那日，在片场麦克随手招来查理，拍摄他的第一部电影。一门艺术，当时看上去竟是那样随意、简陋、粗糙、没有创造力。查理不能拒绝。可是，他不想把自己热爱的表演变成廉价的胶片。他必须做点什么，让自己经年回首，心中坦然。

在化妆间，凌乱堆砌着五花八门的道具和服装。没有化妆师和造型师，而这竟成为查理唯一可以自主发挥的表演余地。在化妆间的几分钟，查理绞尽脑汁，每一秒钟，他都在为自己的表演殚精竭虑。时间一秒一秒过去，他突然在那一堆道具和服装里看到了什么。

当他走出化妆间，片场的人震惊了。

他留了一小撮胡子，带着一顶破旧的圆顶礼帽，穿得莫名其妙，上身的夹克那样窄小，下身的裤子却又极其肥大。还有一双左右穿反的特大号尖头鞋。手里那根竹杖全然不明所以。可是，当他开始迈着外八字脚，一步一步朝麦克走去时，所有人都笑了。

查理·卓别林，从此诞生。

# 三

1914年2月，卓别林的处女作《谋生》上映，片长只有十五分钟。可是，就这么短短的十五分钟让美国人乐不可支。所有人都记住了这个极其滑稽的、流浪汉一般造型的喜剧演员。短短几个月，卓别林的电影雨后春笋一般地展现在美国人的眼前。所有人都在问：这个流浪汉，到底是谁？

当卓别林学会电影制作。

当卓别林名声日渐响亮。

当卓别林可以选择角色。

默片时代，将大不一样。1914年8月，他离开了基石喜剧公司。他说："森尼特先生是一个好人，我们是很好的朋友，但是公事公办。"公司对他的限制成了他精进表演的最大阻碍。他要写剧本，他要当导演，他要拍出更符合心性的艺术作品，他要从一个单纯的演员蜕变成一个电影创作者。

1915年2月，卓别林第一部自主创作的电影《他的新工作》大获成功。随后，推出了《夜游记》《假戏真情》等作品。电影《流浪汉》上映之后，卓别林声名大噪。一夜之间，他成了万众瞩目的好莱坞喜剧巨星。连西德尼也来到卓别林的身边做他的经理人，助他一臂之力。

《寻子遇仙记》《城市之光》《淘金记》剧照（从左至右）

"The One and Only"
Charlie Chaplin
His Signature
In his First Million Dollar Picture
"A DOG'S LIFE"
A "First National" Attraction

●《狗的生活》海报

1918年，《从军记》《狗的生活》上映。

1921年，《寻子遇仙记》上映。

1925年，《淘金记》上映。

1928年，《马戏团》上映。

1928年8月，电影《马戏团》上映不久，母亲汉娜去世，卓别林心中剧痛。假如没有当年日夜跟随母亲出没在戏院，或许便没有今日的卓别林。母亲一生都没有实现她的艺术理想。可是，他依然记得当年母亲的艺名，叫莉莉·哈利。母亲带着自己和西德尼苦中作乐的艰苦岁月，他终生难忘。

1931年，《城市之光》上映。当下，卓别林已是好莱坞公认的喜剧大师。可1930年，有声电影在好莱坞出现。这令卓别林对《城市之光》的前景十分担忧。然而上映之后，仅仅十二个星期，这部电影便为卓别林赚了四十万美元，成为当时最卖座的影片。

有人说："看完这部电影后，我再也无法入睡，就好像第一次看米开朗基罗的《大卫》一样。"电影《城市之光》在欧洲公映时，卓别林赴欧宣传。他遇见了很多文艺名流，包括乔治·萧伯纳和赫伯特·乔治·威尔斯。他还回到了那所见证了自己苦难童年的汉威尔济贫学校。

1936年，《摩登时代》上映之后，卓别林休息了两年。直到1938年，他收到朋友寄来的一本宣传册。当中，卓别林被纳粹党公然指责“这个犹太小丑令人作呕，让人讨厌”。二战一触即发，卓别林却并不畏惧。1939年，他拍摄了《大独裁者》，讽刺希特勒。1940年，电影上映。

这一年，他已经五十一岁，半生已过。

假如用两个词来概括卓别林的一生，那么，他前半生的关键词是“电影”，后半生的关键词则是“乌娜”。1943年春天，卓别林遇见了乌娜·奥尼尔，一个被誉为“美国半个世纪的美”的十七岁少女。她不仅美，还那么温柔、那么娴静、那么优雅，更是名门之后。

乌娜的父亲尤金·奥尼尔是毕业于耶鲁大学的文学博士，更是1936年诺贝尔文学奖的获得者。一部《天边外》让他名扬世界。有其父必有其女，乌娜的形容、气质无人能比。可是，

乌娜·奥尼尔

卓别林已经不年轻了，他只比尤金·奥尼尔小一岁，是真正的父辈了。

可是，爱，从来就是一件不讲道理的事。

世间最难，就是你爱一个人的时候，那人也正好爱你。尤金·奥尼尔当然不大同意，可是也不曾强烈反对。卓别林的运气是真的好，和他忘年恋的女子，是一个作家的女儿。还有什么人，能比一个作家更懂他们之间的感情呢？ 1943 年 6 月 16 日，终于年满十八岁的乌娜嫁给了卓别林。

我的心就如同这张面孔，
一半纯白，一半阴影。
我可以选择让你看见，
也可以坚持不让你看见。

世界就像是个巨大的马戏团。
它让你兴奋，却让我惶恐。
因为我知道，散场后，永远是
——有限温存，无限辛酸。

据说，这首诗是卓别林写给乌娜的。当真是美。不只是美，还有一些别的什么，罕见的、纯粹的、干净的，荡漾其中。“有限温存，无限辛酸”，说的不正是他的一生吗？卓别林，一共有过四段婚姻。每一段婚姻都很短暂，只有乌娜，从相识那一刻相伴到离开的那一天。

1918 年 10 月，卓别林与米尔德里德·哈利迪·凯莉结婚，两年后离婚。1924 年 11 月，他娶丽塔·格雷为妻，育有两个儿子——小查尔斯和西德尼·厄尔，三年后离婚。1936 年，好莱坞女明星宝莲·高黛嫁给了卓别林，六年后离婚。而乌娜和卓别林的婚姻，长达三十四年。

三十四年里，乌娜为卓别林生了八个孩子：杰拉尔丁、迈克尔、约瑟芬、维多利亚、尤金、简、安妮特、克里斯托弗。加上丽塔·格雷与卓别林的两个儿子小查尔斯和西德尼·厄尔，卓别林的一生一共诞育了十个子女。看上去，他这一生，无论如何都算完满。

可是，苦难仍然没有放过他。

卓别林一家

# 四

1952年，电影《舞台春秋》上映。是年，9月17日，卓别林夫妇乘坐“伊丽莎白女王”号邮轮赴欧宣传。谁知，两日之后，卓别林便接到美国司法部部长詹姆斯·麦克格雷纳里的通知，告诉他被禁止重返美国，理由是其可疑的政治观点。

此事，缘起于1947年卓别林的黑色喜剧电影《凡尔杜先生》。电影讲述的是一个银行职员被经济危机逼成杀人犯的故事。电影上映之后，质疑声一片。很多人都觉得卓别林拿谋杀开玩笑，实属作风不正。更有甚者，开始粗暴地怀疑卓别林别有居心，甚至政治背景复杂不明。

一日一日，终酿成大祸。四十年了。他生活了四十年的美国，刹那之间，不能再回。还有什么能比流言更可怕的呢？阮玲玉会因流言而死，卓别林因流言而遭遇莫须有的政治迫害，也不足为奇。政治与美，从来都毫无关系，它是艺术家们永远无法理解的领域。

1953年1月，卓别林定居瑞士。

在美丽的莱蒙湖畔，卓别林买了一座庄园。庄园很大，有三十七亩地。远离喧嚣，寂静安然。人老了，总是喜静。人少一点，热闹少一点，平和多一点，安宁多一点。乌娜在侧，儿孙满堂。院里种菜，湖边钓鱼，夜晚写诗，偶尔，看一部老旧的电影或是一本查尔斯·狄更斯。这就是他想要的老年生活。

为了卓别林，乌娜放弃了美国国籍。对乌娜来讲，世间所有，都不敌目下那一人重要。如果说遗憾，那么哥哥西德尼的离开，对卓别林而言，是晚年生活里最大的缺失。1956年4月16日，西德尼病逝。他的离开，犹如抽掉了卓别林的一根肋骨，成为毕生最痛。

1957年，卓别林六十八岁。虽然隐居瑞士，但是他心中总还有些什么想要表达。于是，有了《纽约之王》。然而，这部电影在美国被禁播，直到1976年才解禁上映。西德尼的离开，令卓别林不得不回顾一生。1960 年，卓别林开始写作。写作期间，英国牛津大学还特地授予他“名誉文学博士”的头衔，鼓励他写作。

1964 年，卓别林的《我的自传》出版。

1967 年，他完成了此生最后一部电影《香港女伯爵》。此生，有过颠沛流离，有过忍辱偷生，有过百口莫辩，也有过荣誉等身，最重要的是，他有一个安稳的家，和一颗历经千疮百孔终究生机勃勃从未黯淡的心。他累了。1975 年 1 月 2 日，英国女王伊丽莎白二世册封卓别林为爵士。

其实，1972 年也发生了一件事。卓别林受邀访问美国。瞬间，各大荣誉来袭，美国人重又开始追捧他。可这些迟到的爱赞，对一个八十多岁尝尽人世沧桑的老人而言，哪里谈得上什么安慰呢？又或者，他那颗千锤百炼的心，早就无所谓往事之痛和今日之欢。人生如旅，走过了，就忘了吧。

还有谁，能像他一样，把痛苦酿成糖？

年轻的卓别林在拉大提琴（左）
卓别林获奥斯卡终身成就奖（右）

时隔二十年，他终于回来看了看。

然而，也只是看了看。

看了看，便走了。

1992年，小罗伯特·唐尼拍了他的一部传记电影《卓别林》。钢铁侠这个角色让他红遍全球。可是，论表演，他怕是再也无法超越《卓别林》里的自己了。电影中，1972年的奥斯卡为卓别林颁发荣誉奖，乌娜推着坐在轮椅中的卓别林到舞台入口时，她说：“亲爱的，我只能陪你到这里了。”说完，她轻吻了卓别林。

这一幕，至今令我惊痛。

1977 年，平安夜。卓别林躺在床上，身体已经衰弱得不成样子。可是这一天，他很高兴。楼下儿孙满堂的声音，时不时会越过时空，传入他的耳中。仿佛电闪雷鸣一般，破空而来。可是，又那么纯真，那么温柔。就像几十年前那个流浪汉的笑声一样。不知何时，他听着那声音，慢慢就睡了。

是年，卓别林八十八岁。

05

# 曾有女子名叫珀尔·巴克

## 赛珍珠

上海有一家锅盖面[1]很好吃。

南京西路附近的那一家。

有段时间，几乎天天吃、顿顿吃。爱到曾经特地查找资料，想要知道锅盖面的做法和配方。一碗简单朴素的锅盖面，说不清是面、汤还是佐料的缘故，令它美味。美食与人情物事一样，最好的未必出自米其林餐厅，有时就是路边一对寻常的中年夫妻或一个头发花白的老人下的一碗面。

锅盖面，让我对镇江产生了一种情愫。后来，与朋友聊天，说起锅盖面，谈到镇江，继而讲到了赛珍珠。上海与镇江，都和她有关。时常猜想，或许，当年她在镇江的时候也吃过、爱过那一碗热气腾腾的锅盖面。说不定，她热爱中国的无数缘由当中就有那么一碗令她魂牵梦萦的面。

① 锅盖面，也称镇江小刀面，是江苏省镇江市的一道特色美食。

因为中国，她变得举世闻名。

因为她，更多人开始关注中国。

赛珍珠，是她的中文名字，她的英文名叫珀尔·巴克。1892年6月26日，她出生于美国弗吉尼亚州西部一个叫作西斯波罗的小镇。就像美国乡村无数个平静又寻常的家庭，住在一座两层的白色农舍里，有四季凉爽的地下厨房，有阁楼，可以度过安稳一生。可是，她有一个心有大志的父亲。

父亲叫阿布萨隆，是个牧师。珀尔出生时，他已四十岁，以“赛兆祥”的中文名字在中国传教多年。1880年，他和小自己五岁的卡洛琳结婚之后已在杭州生活过一年。珀尔还有个比自己大十一岁的哥哥，埃德加。如今，珀尔出生四个月，一家人又将重返中国。渡船越过太平洋，从上海入，抵达镇江。

父亲传教，母亲教书。珀尔的童年时光，几乎都在镇江度过。从咿呀学语到认字读书，她的人生是在中国走出的第一步。对于珀尔来讲，较之于美国的遥远故土，中国的镇江更像是她真正意义上的家乡。晚清局势复杂、混乱，义和团运动的爆发，迫使珀尔一家离开镇江，去了上海。

上海，是她在中国生活的第二个城市。

对于上海，她的印象也十分深刻。纵然有人不喜欢上海的市井和喧嚣，可是珀尔迷恋。她热爱十里洋场的人间烟火，租界里的咖啡馆和灯红酒绿，租界外的弄堂和家长里短。还有，各式各样的横幅和五颜六色的灯笼，卖鱼的铺子和卖水果的摊子，有轨电车和人力黄包车。

这一年，珀尔九岁。

1901 年 7 月，在上海住了不久，一家人便撤离了中国，回美国避居了一年，次年重返镇江。一住又八年，她的童年、

童年时期的赛珍珠

少年皆在镇江度过。她读查尔斯·狄更斯和马克·吐温，也读《红楼梦》和《水浒传》。自幼接受中、英双语教育的珀尔，无论汉语还是英语，都十分熟练、地道。

1910 年，珀尔十八岁，回美国读大学，就读于弗吉尼亚的伦道夫梅肯女子学院。她虽然是个美国人，但是在中国长大，平生第一次独自在美国生活，她并不适应。在中国，她历经动乱、战争、流血和死亡，看见洋人的贪婪和中国人的愤怒，领悟文化的差异和岁月的残酷，跨越了晚清和民国。

对中国，她始终情结难断。

1914 年，珀尔大学毕业，远在中国的母亲病重，父亲来信告知。珀尔义无反顾重返中国。彼时，她已有在美国任教的想法。可是诸多预想都抵不过内心牵挂，对家人、对自己的“第二故乡”。是年，11 月底，珀尔抵达上海。辗转到镇江看见母亲的刹那，珀尔泪如泉涌。

母亲瘦如枯槁，看上去，那样老迈、脆弱和不堪一击。卡洛琳当年的病叫“口炎性腹泻”，放在今日，微不足道。无奈当年医疗水平不高，卡洛琳处于死亡的边缘。根据医嘱，卡洛琳去了江西庐山的牯岭静养，珀尔随行。数年前，珀尔曾跟随家人来过牯岭。今次不似从前，心中喟然。

牯岭环境清幽，适于养病。

对于珀尔来讲，牯岭对她的意义不单是让母亲身体好转，更令她遇见了一个叫作约翰·洛辛·布克的男人。1890 年，约翰出生在纽约，在农场长大，考入康奈尔大学后，学的是乡村经济。他来到中国是因康奈尔校友胡适的缘故。与胡适的交好，令他对中国产生了浓厚兴趣。

1916年6月，约翰抵达南京。不到一个月，连汉语尚未学会，他便遇到了珀尔，这个棕发碧眼、在中国长大的奇女子。两人相见恨晚，这个在异域他乡发自真心的热爱，令两个美国青年分外投机。可是，母亲卡洛琳似乎不大赞成二人的来往。

卡洛琳甚至坦诚自己与珀尔父亲这段平静婚姻表象之下的矛盾、冲突和她极度的失望，想要以此警醒珀尔。珀尔本以为父母相敬如宾、琴瑟和鸣，结果，她对父母的婚姻一无所知。

有时候，婚姻的表象和内里会有天壤之别。母亲的话刺痛了珀尔。

然而，爱中的女子难以妥协。

1917 年 5 月 30 日，珀尔和约翰结婚。婚礼是在珀尔镇江家中的玫瑰园里举办的。婚后蜜月，二人去了牯岭，那是他们开始相爱的地方。当初，相识不久后，约翰离开牯岭，去了宿县。两人用书信来往过很长时间。蜜月结束，珀尔来到宿县。多年之后，她仍然记得宿县之淳朴。

她说："周围是一片梦幻般的景象。"

然而，时间一长，诸事不似当初。一来，如母亲当年所言，她与丈夫的关系果真开始变得紧张；二来，当年的宿县贫穷封闭，她曾试图像父亲一样，在当地传教，帮助宿县百姓，过程却并不愉快。最后，她在宿县怀孕，自身健康与胎儿的状况都不大好。

孕期，珀尔觉出身体不适，便去南京疗养。1921 年 3 月，孩子出生，是个女孩，取名卡罗尔。可是，产后胎儿有病，身患苯丙酮尿症，导致智力低下。然而，女儿年幼，她对此事毫无知觉。发现之后，为时已晚。同年下半年，她留在了南京，和不久之后到来的丈夫一同任教于金陵大学。

祸不单行。这年 10 月，母亲卡洛琳病逝，父亲搬来同住。母亲的离开，令珀尔焚心如煮，许多话，不能说，只能写。虽然此前她已经发表过一些文字，但是这次不同。她急于沉淀下来，记录母亲的一切，让自己的女儿将来能有机会通过自己的文字了解不曾熟识的外祖母。

这便是后来的《异邦客》。

卡罗尔显现出异常时，珀尔几乎绝望。可日子仍要过下去。1925 年，她和丈夫做了一个决定，收养幼女珍妮丝。卡罗尔八岁那年，珀尔终究还是“抛弃”了她。或许，从决定收养别人开始，“抛弃”念头已然生发。她把卡罗尔送到美国一所专门收留特殊儿童的韦恩兰培训学校。

她觉得，这是她对女儿最好的照顾。珀尔的私心显而易见，她累了，也怕了。局外之人对珀尔内心的挣扎与痛苦，未必能够感同身受。她的无奈与痛苦，谁敢说真的了解？与此同时，丈夫对她也变得冷漠，尤其是轻视她的写作。可她知道，自己绝不会放弃写作。

写作，令珀尔在苦难中找到了出口。

据说，当年印度诗人泰戈尔访华时，困于婚姻危机的珀尔与陪同翻译的徐志摩相识，曾陷入一段苦情。虽然谈到徐志摩生命中的女人，大多说的都是张幼仪、林徽因和陆小曼，但是珀尔也真切爱过这个男人。1957年，珀尔出版的《北京来信》，据说就是隐晦地表达了她和徐志摩的感情。

1929年年底，珀尔的作品《东风·西风》在美国由庄台出版公司出版，反响很好。她也得以与庄台出版公司的总裁理查德·沃尔什相识。这家出版公司也是后来著名作家林语堂的美国出版方。1930年5月，珀尔在南京完成了她平生最重要的作品《大地》（原名《王龙》）。

1931年，《大地》出版。

1932年、1933年，持续畅销。

这部作品给珀尔的生活带来了巨大变化。凭借这部作品，珀尔拿到了普利策文学奖，声名远播。即便如此，丈夫和父亲仍旧态度冷漠，毫不关心。珀尔把书送给父亲，父亲甚至弃置一旁，从未去看。哪怕，世人对《大地》之追捧，它被拍成电影，被搬上百老汇的舞台，给珀尔带来巨额版税。

这令珀尔十分伤心。

珀尔作品的成功，对庄台出版公司来说也是奇遇。濒临破产的庄台出版公司因为珀尔得以咸鱼翻身。后来，理查德说，以后珀尔写什么，他就出什么。这句话从事后他与珀尔私人关系的角度来讲，或有私情在其中，可依然足以证明珀尔对于庄台出版公司来讲，意义重大。

1934 年，珀尔与约翰离婚，结束了两人十七年的婚姻。离婚之后，珀尔方才与生活半辈子的中国告别，带着养女珍妮丝重返美国，开始了她的下半生。回到美国之后，珀尔与理查德的感情浮出水面。二人在出版人与作家的身份下，离婚后又迅速重组，在当时引起很大的轰动。

有时，缘聚缘散是那么出人意外。

有时，情始情终又仿佛理所当然。

1938 年，连她自己都没有想到，她会得到诺贝尔文学奖。11 月，出席颁奖礼时，她说："我对中国的赞赏胜过以往任何时候。这个国家的人民团结一心，抵抗敌人，维护自己的自由。她对自由的追求写进了国民的特性里，这也让我相信，这个国家是不可战胜的。"

珀尔的后半生，安稳静好。她写作，她演讲，她创办收养机构，她袒露自己所有的秘密，包括自己隐藏多年的残障女儿卡罗尔。卡罗尔，令珀尔后半生从未停止对特殊儿童的关注和照顾。她也常常去学校陪伴女儿，女儿在学校一直生活到六十岁方才因肺病去世，一生都很平静。

1972 年，美国总统尼克松访华。消息一出，珀尔大喜。她几度拜访了当地的中国官员，希望此生还有机会能够重回中国，再去镇江。然而，最后她收到的却是一封拒签信。1973 年 3 月，珀尔被拒签十个月之后，孤独离世。可是，墓碑上，她未言其他，却固执地只留下三个汉字，她的中文名字：赛珍珠。

她写过一本自传。开头提到一幅中国画。

她这样描述那幅画：

池塘上，垂柳下，弥漫着一片晨雾。

透过这轻纱似的雾，池水闪出银白色的光。

稍远处，一只白鹭单足亭立，

晨光托出它优雅的侧影。

这是她所见的中国画，也是她所念的中国。

赛珍珠获诺贝尔文学奖

附

# 1935年“诺贝尔文学奖”赛珍珠演讲词·节选

## 1.

我在考虑今天要讲些什么时，觉得不讲中国就是错误。这完全是真实的，因为虽然我生来是美国人，我的祖先在美国，我现在住在自己的国家并仍将住在那里，我属于美国，但是恰恰是中国小说而不是美国小说决定了我在写作上的成就。我最早的小说知识，关于怎样叙述故事和怎样写故事，都是在中国学到的。今天不承认这点，在我来说就是忘恩负义。

## 2.

中国小说主要是为了让平民高兴而写的。我用高兴一词并不只是指让他们发笑，虽然那也是中国小说的目的之一。我指的是吸引和占有整个思想注意力。我指的是通过生活的画面和那种生活的意义来启发人们的思想。我指的是鼓舞人们的精神，但不是凭经验谈论艺术，而是通过关于每个时代的人的故事，使人们觉得是在谈他们自己。甚至谈神的佛教徒也发现，如果人们看到神通过像他们自己那样的普通人发生作用，他们就会对神有更好的理解。

## 3.

中国小说不像西方那样受一些伟大作家左右。在中国，小说本身一向比作者重要。中国没有笛福、菲尔丁、斯摩莱特这样的作家，也没有自己的奥斯丁、勃朗特、狄更斯、萨克雷、梅瑞狄斯或哈代，同样也没有巴尔扎克或福楼拜。但是中国有可以和世界上任何一个国家相媲美的伟大的小说，有可以和任何伟大作家所能写出的作品相媲美的伟大作品。

## 4.

一个优秀的小说家——或者说在中国，人们是这样教给我的——最重要的应该是“自然”，就是说丝毫不矫揉造作，非常灵活多变，完全听凭流过他头脑的素材支配。他的全部责任只是把他想到的生活加以整理，在时间、空间和事件的片断中，找出本质的和内在的顺序、节奏和形式。我们永远不能只凭读几页书就知道是谁写的，因为当一个小说家的风格固定以后，那种风格就变成了他的牢房。中国小说家使他们的写作像音乐那样随着所选的主题而发生变化。

5.

毫不夸大地说，中国小说就是从这种变成故事并充满几千年生活的民俗精神中发展起来的。这些小说不断发展变化。正如我说过的，如果说没有任何单个的名字毫无疑义地属于伟大的中国小说，那是因为它们不是由一个人的手写的。开始只是一个传说，然后经过连续不同的版本，一个故事发展成由许多人组合的结构。

6.

这三部小说（《水浒传》《三国演义》《红楼梦》）是那种平民文学——中国小说的明证。它们可以说是大众文学完美的纪念碑——即使不能说是整个文学的纪念碑。它们也曾受到文人们的轻视，遭到监察官的禁止，而且连续几个朝代被指责是危险的、惑乱的、腐朽的。但它们生存了下来，因为人民大众阅读它们，把它们编成故事讲，编成歌谣来唱，还编成戏上演，最后甚至那些文人也被迫勉强对它们注意，开始说它们不是小说而是寓言，因为如果它们是寓言，最终就可能被作为文学对待。然而人民大众对这种理论毫不在意，而且根本不去读文人们写的那些证实这种理论的长篇文章。他们对自己作为小说家而创作的小说感到高兴，不为任何目的，只为在故事中得到快乐，而且通过故事他们还可以表现自己。

7.

中国人说“少不看《水浒》，老不看《三国》”。就是因为少年可能受蛊惑变成强盗，老年人可能被诱导做些不符合他们年龄的行为。如果《水浒传》是中国生活伟大的社会文献，那么《三国演义》就是关于战争和政治家治国的记录，而《红楼梦》则是关于家庭生活和人类爱情的真实写照。

8.

进行创造的过程不是演绎艺术形态的过程。因此对艺术的限定是一种次要的过程，而不是主要的过程。如果一个人生来是进行创造过程的，例如像小说家那样，那么他若去关心次要的过程，他的活动就毫无意义。当他开始确定形式、风格、技巧和新学派的时候，他就像一只触礁搁浅的船一样，尽管它会疯狂地转来转去，但它的推进器却无法使船继续前进。只有等到船回到自己的环境时，它才能恢复航程。

9.

我所受的教育是，虽然小说家可以把艺术看成冷酷而完美的形式，但他对艺术的赞赏却只能像赞赏一些矗立在寂静偏僻的画廊上的大理石雕像；因为他和他们所处的位置不同。他的位置在街上。他在街上会非常快乐。街上充满了喧闹，男人和女人表现自己的技巧也不像雕像那样完美。他们难看而有缺陷，甚至作为人也不够完美，而且他们从何处来到何处去也无从知道。但他们是人，因此远比那些站在艺术台座上的雕像更让人喜欢。

10.

像中国小说家那样，我受的教育就是要为这些人写作。如果他们有一百万人读他们的杂志，我愿意我的小说在他们的杂志上发表，而不想在只有少数人读的杂志上发表。他们是比其他任何人都更清醒的法官，因为他们的感官未受破坏，他们的感情是自由的。不，一个小说家决不能把纯文学作为他的目的。他甚至不能对纯文学了解得太多，因为他的素材——人民——并不在那里。

06

## 用来掩盖心碎的方式

# 达·芬奇

魔兽。

暗黑破坏神。

英雄联盟。

守望先锋。

DOTA 和 DNF。

每一个游戏，都是一段熬夜通宵的青春。

每一个游戏，都是一段啤酒和泡面的怀旧旅行。

每一个游戏，都是一段烟灰缸与网络提速的记忆。

还有一个游戏，叫《刺客信条》。每个游戏都有一个点燃你的理由，《刺客信条》给我的理由是达·芬奇。后来，电影《刺客信条》上映，游戏迷并不满意，可惜了迈克尔·法斯宾德和玛丽昂·歌迪亚的表演。我只是惊讶，故事改编到连达·芬奇也没有，甚至连阿泰尔也不曾提到。

达·芬奇在文琪诺村的故居

懂的人，一定懂。

较之于资深游戏迷对电影中阿泰尔缺失的遗憾，我更为没有看到达·芬奇惋惜。世人皆知，名列“世界四大博物馆”之首的巴黎卢浮宫有三件宝物：古希腊大理石雕像《米洛斯的维纳斯》和古希腊雪花石雕像《胜利女神像》两座雕塑，还有一幅画，就是达·芬奇的传世名作《蒙娜丽莎》。

达·芬奇，真正的名字是列奥纳多。

1452 年 4 月 23 日（儒略历 4 月 15 日），他出生在意大利佛罗伦萨附近一个山水环绕的小镇。父亲瑟·皮耶罗是个公证员，算是小镇上有头有脸的人物。然而，列奥纳多是私生子。母亲卡特琳娜从未与瑟·皮耶罗正式婚配。私生子的身份，注定了父亲与他的疏远，他从小养在祖父母身边。

列奥纳多出生大约十八个月后，生母嫁去邻村。对母亲，列奥纳多无甚记忆。倒是瑟·皮耶罗的弟弟，列奥纳多的叔叔弗朗西斯科成了他童年生活中举足轻重之人。列奥纳多对叔叔十分依赖，在他眼中，温善和顺的弗朗西斯科无所不知。

童年时候，他时常跟随叔叔务农，不是田间劳作，便是林中放牧。而且，这一切对列奥纳多来讲有趣极了。人与自然之间，总有和谐相处的方式。叔叔平生所愿只是寻常。可“寻常”二字最是难得。列奥纳多便从叔叔的“寻常”经验里，开始能够辨花识草，慢慢领悟时令之美。

野花，小草，飞鸟。

山川，溪涧，河流。

每一样，在列奥纳多的眼中，都藏有无限秘密和无垠之美。可是，那个年代，私生子是没有地位的，甚至连接受教育的资格也没有。他只能从祖父、祖母处，掌握生活的经验。也只能从叔叔或乡村牧师处，得到本会失去的基础教育。读书、写字、算术，他都学得很快。

有趣的是，初次握笔，他便用左手。

跟所有人都不一样。

天才当真是有预兆的吗？起码，从列奥纳多生平不多的童年资料来看，并未寻见。十几岁的时候，列奥纳多的叔叔结婚成家，有了自己的生活。其时，他也想看看小镇外面的世界。于是，他单枪匹马，去了佛罗伦萨。彼时，佛罗伦萨是独立城邦，已由美第奇家族掌权数十年。他的父亲，便在那里。

佛罗伦萨繁华，不似小镇僻静，令少不更事的列奥纳多十分惊奇。孤子一人来到大城市，谋生是当务之急。虽然列奥纳多与父亲毕生不大亲近，但是得知儿子来到佛罗伦萨，瑟·皮耶罗也曾用心为儿子筹谋打算。城中匠人无数，习得一技之长对列奥纳多来讲是最好的归宿。

瑟·皮耶罗社交很广，与他相交之人不乏能工巧匠。城中最受欢迎的名匠韦罗基奥与之也有交情。在瑟·皮耶罗看来，跟随韦罗基奥当学徒是最好的选择。只需交少量费用，既能解决吃住问题，也能学得不错的手艺，算是一举两得。不久，列奥纳多进入韦罗基奥的艺术工坊，成为一名学徒。

师从韦罗基奥，压力不小。工坊里学徒甚多，想要赢得师傅的心、当真学得师傅的手艺，并不容易。此时，天赋便尤为重要。这是旁人无法与列奥纳多相比的。艺术，就像文学一样，有的人写文章信手拈来，句句发光；有的人拘挛补衲，终究无用。列奥纳多的勤奋和天赋很快引得师傅注意。

从扫地打杂，到调制颜料，再到参与绘画和雕塑，列奥纳多没有让师傅失望。然而，在师傅身边，列奥纳多的每一次创作都只能是模仿。这令列奥纳多觉得不妥。就像多年之后他说："如果画师受其他人的影响太深，那么他笔下就只有平庸之作。"列奥纳多与他的艺术之间开始产生交流，寻找共鸣。

据说，曾有人把一块盾牌托付给瑟·皮耶罗。请他寻画师进行彩饰。他大概没有当回事，把盾牌交给儿子应付，未曾有任何交代。列奥纳多全凭自己的理解和艺术敏感，画上了一种自创的兽。为此，他专门解剖了蝙蝠、蜥蜴之类的动物来研究观察。用不同动物的不同部位创造出了独属于他的一只兽。

拿到盾牌之后，瑟·皮耶罗只觉惊艳。当下，他便决定将盾牌卖掉，再用次品以次充好。后来，这块盾牌被米兰的公爵花了不少钱购得。瑟·皮耶罗为此大赚一笔。最后，当时委托之人只能拿回一块相同形状、质地，却只画了寻常图案的盾牌。

《基督受洗》，画面左下方侧身的小天使为达·芬奇所画（左）

达·芬奇画作《亚诺河河谷》（右）

1472 年，二十岁的列奥纳多加入了佛罗伦萨画家公会，成了一名有身份的职业画师。跟随师傅六年，他终于成为一名宗匠，也迎来了自己单独与师傅合作的第一幅作品，为佛罗伦萨城外的圣沙尔威修道院里的僧侣画一幅《基督受洗》。这也是列奥纳多现存年代最早的作品。

相传，正是由于这一幅《基督受洗》，列奥纳多的师傅韦罗基奥决定从此封笔，不再作画。很快，列奥纳多成了师傅的首席助理。岁月如河，他是舟中行者，荡荡水波，推他往前，让他在水天之中觅得一条上岸的路。连他自己都不知道，他会凭借一支画笔，画出整个人间。

1478 年，列奥纳多离开师傅的艺术工坊，成为独立艺术家。不受师傅约束的列奥纳多，在绘画中变得自由，也变得散漫。仿佛刹那间，他终于遇见真正的自己，一个天马行空却又不大靠谱的艺术天才。请他画画的人不少，可是他完成的作品几乎没有。

他就是一个常常半途而废的人。

就像从来没有人质疑他的艺术天资，也从来没有人认同他的职业态度。直到 1481 年，列奥纳多方才警醒。当时，佛罗伦萨的掌权人洛伦佐·美第奇向罗马教皇西克斯图斯四世推荐画师去西斯廷教堂工作，昔日的同门师兄弟，很多都顺利前往罗马，唯独列奥纳多落选。

一个人与一座城，大概也讲究缘分。佛罗伦萨时期的列奥纳多，迷茫、惆怅，甚至有些反复无常。未能被推荐到西斯廷教堂工作，令列奥纳多十分失落。1482 年，他决定离开这个城市。据说，他走的时候带了一把银色的鲁特琴。对以画家身份闻名佛罗伦萨的列奥纳多来讲，这把琴仿佛另有寓意。

他不只是画家，他有无限才华。

米兰。这座城市，成为列奥纳多扬名立万之处。当时，他给米兰公爵卢多维科写了一封著名的信。这封信，很多人觉得并未寄出。然而，无论寄出与否，信中的列奥纳多，已然不是佛罗伦萨那个任性无常的天才画家，他充满志气，誓要开天辟地一般，毫不谦虚，全无掩饰。

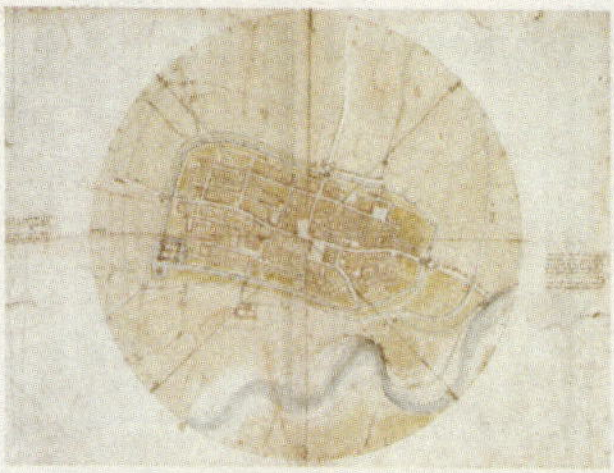
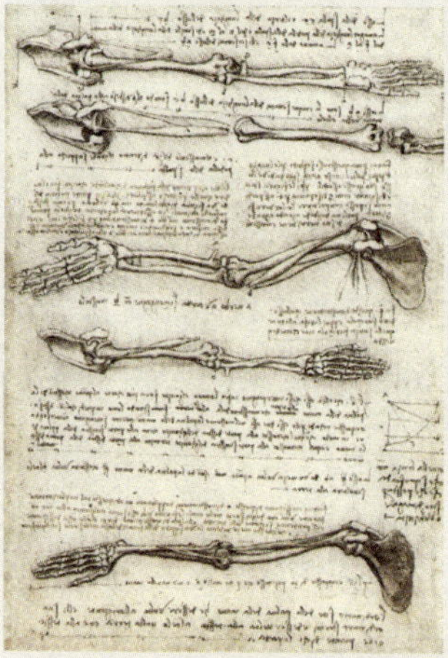

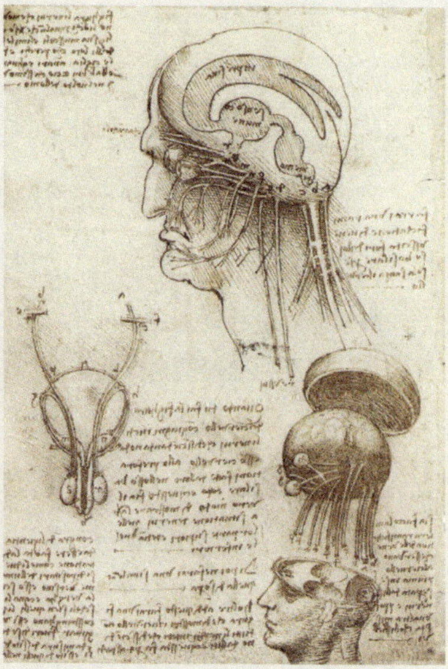
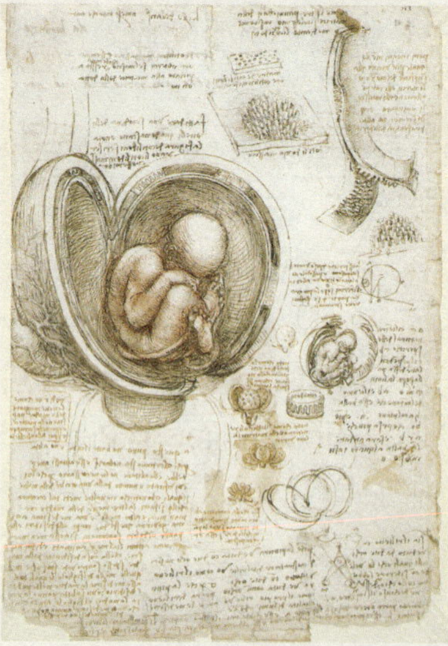

达·芬奇手稿

他告诉卢多维科，自己是一个通才。

后来，那本著名的《达·芬奇笔记》也证明了这一点，他绝无虚夸。无论是力学、植物学、光学，还是地理学、天文学，甚至城市规划、军事科研，列奥纳多都十分杰出。谁能想到画出《蒙娜丽莎》的人，也会规划浮桥、制作炮机、设计建筑，甚至打造兵器呢?

1483年，列奥纳多为圣弗朗西斯科大教堂完成了一幅画，取名《岩间圣母》。这是他在米兰完成的第一幅作品。也是他名扬米兰的奠基之作。在佛罗伦萨，他拖拖拉拉、有始无终，画着画着便消失不见。可是，在米兰，他不鸣则已，一鸣惊人。

都说列奥纳多最终没有把那封著名的自荐信寄给卢多维科，不过一幅《岩间圣母》仍旧令列奥纳多的名字传到了卢多维科的耳中。很快，他便接到卢多维科的邀约，请他为自己的情妇作画。列奥纳多一口答应。这幅画就是著名的《抱银鼠的女子》。

也是在米兰，他开始做笔记。

列奥纳多不会想到，他信笔写下的、看上去有些杂乱无章的笔记，只其中一卷，五百年后会被一个叫作比尔·盖茨的人斥资三千万美元购得。列奥纳多不仅左手写字，还发明了“镜像写法”，由右至左，将文字倒写，需要对着镜子才能顺利阅读。单凭这一点，已是世间无两。

一幅《抱银鼠的女子》让卢多维科对列奥纳多青眼有加。1485 年，卢多维科聘请他到宫廷工作，担任宫廷的工程师和画师。没错，他已然不只是一名画家那么简单。他设计服装、布置宫殿、统筹盛宴。1490 年，卢多维科的外甥大婚，列奥纳多成为庆典主办之人。可见，卢多维科对他的器重。

列奥纳多投桃报李，想为卢多维科铸造一尊人马青铜雕塑。1493 年 11 月，一尊雕刻技艺精湛且高达二十多英尺的人马雕塑呈现在了卢多维科的面前，米兰上下震动。然而，当时的雕塑只是泥土模型，要铸成青铜雕像，需要多达七十吨的青铜。可惜，乱世之年，哪有完满？最终，列奥纳多准备的青铜迫于战事只能用来打造兵器。

终究，他只留下了一尊泥塑。

《抱银鼠的女子》

除此之外，1494 年到 1498 年间，受卢多维科之邀，列奥纳多创作出了他的传世名作，一幅位于圣玛利亚修道院餐厅的湿壁画《最后的晚餐》。画作取材《圣经》。耶稣最后一次到耶路撒冷过逾越节，犹太教祭司长密谋夜捕耶稣，耶稣被犹大出卖。逾越节当晚，耶稣与十二门徒共进最后一次晚餐。

当耶稣说有人出卖自己时，十二门徒呈现出十二种面孔。每一个人的表情、神态、动作各不相同。列奥纳多在画中，让每一个细节都饱含故事，其画之美，难以言喻。最重要的是，这幅名画是在列奥纳多迫于生计、忙碌于各种琐碎杂事之中完成的。

1499 年，法国进军米兰，米兰失陷，卢多维科出逃，列奥纳多也被迫离开。他经曼图亚，辗转抵达威尼斯，小住之后重又上路。1500 年，他回到了阔别十八年的佛罗伦萨。此时，列奥纳多已是一代大家，然而他也已经四十八岁。怎么说，都不再年轻了。

往事如花，盛开过，终凋零。
俯身去拾，花已成泥。

英雄不许见白头。当他回到佛罗伦萨，那里已是米开朗基罗的天下。当时，米开朗基罗还是那么年轻。他和列奥纳多一起受邀在西纳里亚广场政府会客厅的两面墙壁作画之时，只有二十九岁。所有人都对两个艺术天才的无声之争充满了好奇。1504 年，两人几乎同时完成了自己的壁画草图。

遗憾的是，两幅画最终皆未完成。米开朗基罗临时要去西斯廷教堂绘制穹顶壁画，列奥纳多的画则因储水罐炸裂泼溅到墙面，毁掉了壁画底图而作罢。另一头，被法国人占领的米兰一片混乱。可是，即便如此，法国国王路易十二仍惦记着列奥纳多的才华，他希望列奥纳多能够重回米兰，继续创作。

1506 年，列奥纳多重回米兰。

列奥纳多与佛罗伦萨之间，仿佛总有无尽龃龉。彼此总也无法成全。好在，这期间他整理了积累近二十五年的数千页笔记。好在，他还有《蒙娜丽莎》。不知是何缘故，著名的《蒙娜丽莎》成了列奥纳多的私人爱藏，一直带在身边。蒙娜丽莎到底是谁，无人知晓。有人说是他的母亲，有人说是他自己。

然而，真的重要吗？

我不觉得。

虽然《蒙娜丽莎》的创作时间和创作地点仍有争议，但是，16世纪初，列奥纳多至少完成了四幅绘画作品：《施洗者圣约翰》《莉妲和天鹅》《圣母子和圣安妮》和《蒙娜丽莎》。《蒙娜丽莎》好在哪儿？仁者见仁。于我而言，是它会让我一直反复地聆听纳京高。

他唱：

你露出这样的笑容，
是为了诱惑情人吗？
蒙娜丽莎。
还是你，
用来掩盖心碎的方式？

说起来，《蒙娜丽莎》这幅画算是好命。千万页的笔记被人撕扯流散，回不到当初。那尊给卢多维科的泥塑，更是早被

《蒙娜丽莎》

当年入侵米兰的法国人当箭靶射烂。《最后的晚餐》炮火中残存，修复之后仿佛如初，可当真还是曾经的列奥纳多之作吗？还好，《蒙娜丽莎》仍在。

哪怕它曾被法国皇室挂在卧房甚至浴室数百年，哪怕1911年它被卢浮宫那个名叫文森佐·佩鲁吉亚的雇员窃走，最后，它终究还算完好如初。一如当年列奥纳多对它的珍视，岁月也待它格外宽宏。五百多年了，它还在。且会一直，永远在。仿佛，列奥纳多不曾离开。

他一生都是个素食主义者。

他从不与女子亲近。

他爱小动物。

世道很乱，而你已老。

后来，他又去了罗马，还到了法国。在法国，他受到国王弗朗西斯一世的礼遇。他有了自己的庄园，有了很多很多。然而，除了生计，他当真需要什么吗？赞美、财富、美誉？其实，都不是。他真正需要的，只是再多一点的时间。多一日，他便能给世界多留下一日的美。

1519年5月2日，列奥纳多去世于法国安博瓦兹。这一年，他六十七岁。去世之前，他有口头遗嘱，把所有的笔记、画作、个人物品和财产都给了那个叫作弗朗西斯科·迈尔兹的男子。还好，十二年前，你遇到了这个年轻人。没错，弗朗西斯科就是列奥纳多生命里那个最重要的人。是爱人吗？应该是，最好是。

你在震惊吗？

何必呢？对吧。

达·芬奇雕像（左）

法国克洛吕斯，达·芬奇1519年于此逝世（右）

附

# 达·芬奇语录

Though I may not...be able to quote other authors , I shall rely on that which is much greater and more worthy : on experience.
恕我不能引经据典，但我所信奉的东西却更加珍贵——那就是经验。

Those who are in love with practice without knowledge are like the sailor who gets into a ship without a rudder or compass and who never can be certain whether he is going.
那些没有知识却喜欢实践的人就好比是水手登上了没有舵或罗盘的船，对前进的方向一片茫然。

The painter who draws merely by practice and by eye , without any reason like, is like a mirror which copies every thing placed in front of it without being conscious of their existence.
仅仅依靠练习和双眼而不靠理性作画的画家，就好比只会被动照出物体的镜子一样，对外物的存在浑然不知。

What is fair in men, passes away, but not so in art.
生命有限，艺术无涯。

Men and words are ready made, and you, O Painter, if you do not know how to make your figures move, are like an orator who knows not to use his words.
人和语言早已天成。但亲爱的画家，如果你不知道如何让画像产生动感，那就如同雄辩家不知该如何说话一样。

Science is the observation of things possible, whether present or past.
科学就是观测可知的事物，不论是现在的，还是过去的。

Wisdom is the daughter of experience.
智慧是经验的女儿。

If you understand that old ages has wisdom for its good, you will so conduct yourself in youth that your age will not lack for nourishment.

如果你明白年纪总把聪慧当作食粮，那么你在年轻时就会严格要求自己，这样人老了后才不会为缺乏营养而犯愁。

As a day well spent procures a happy sleep, so a life well employed procures a happy death.

劳动一日，可得一夜安眠；勤劳一生，可得幸福长眠。

07

# 如何假装你懂一点莎士比亚

## 威廉·莎士比亚

1995 年，开始认识凯文 · 史派西。

他在电影《七宗罪》里的表演，惊艳世人。当时，布拉德·皮特正值表演巅峰，依然敌不过凯文 · 史派西在镜头当中的精湛表达，凯文 · 史派西炉火纯青之演技无可置疑。

斯特拉福德，莎士比亚出生地

对他的关注，延续到近年他主演的美剧《纸牌屋》。凭此，他拿到金球奖最佳男主角奖。其实，要说的不是凯文·史派西，要讲的是威廉·莎士比亚。他们之间的关系便是美剧《纸牌屋》。这部剧的原著便是受启发于莎士比亚的名作《麦克白》。

你一定看过电影《不羁的天空》，基努·里维斯演的。电影《黑客帝国》让他声名大噪。可是，最爱的仍是他在《不羁的天空》里演的斯考特，令人疯魔。我从来不会把这部电影和莎士比亚联系在一起。可是，十年之后我发现它竟也是由莎士比亚的《亨利四世》改编而成的。

1564 年 4 月 23 日前后，威廉·莎士比亚出生在英国埃文河畔的小镇斯特拉福德，也在那里长大。他令当年这座无人问津的小镇闻名世界。他的父亲叫约翰·莎士比亚，母亲叫玛丽·阿登。两人有九个孩子，莎士比亚排行第三。可惜前两个孩子早夭，他成了家中“长子”。

约翰是个商人，经营一些羊毛、皮革与谷物贩售的生意。家境还算富裕。无奈后来破产，莎士比亚也只能辍学。很多人不知道，一代文豪威廉·莎士比亚的学历极低。他只在家乡一个文法学校读了六年。后来，他的低学历一直成为出身牛津、剑桥的剧作家的话柄。

莎士比亚学历虽低，阅历却丰富。他小小年纪开始谋生，不仅要帮助父亲打理生意，还在肉店当学徒，后来也当过教师。听上去，他的成长史，丰富之余却平淡无奇：迫于生计，辍学谋生，承袭传统，早婚早育。一点也不传奇。

1582年，十八岁的莎士比亚娶了年长自己八岁的安妮·海瑟薇为妻。三年后，他便当了父亲。他的人生仿佛可以一眼看到老。不知是命运的点拨还是自我的觉醒，突然一日，他要去伦敦。谈论天才的时候，你会觉得世间所有庸碌和疾苦都无法成为他们的阻碍。

他们总能从庸碌中看到光亮。
他们总能在疾苦中心生慈悲。

他在平凡的生活里不忘找寻不凡的道路。几年后，莎士比亚离开小镇，到了伦敦。天将降大任于斯人也，必先苦其心志，劳其筋骨。当时，伦敦开始流行戏剧。一时，大小剧团如雨后春笋生发出来。这给莎士比亚带来谋生机会的同时，也隐隐为他的将来埋下了伏笔。

从 1585 年他成为父亲到 1592 伦敦上演了他的戏剧，这中间的七年，成了莎士比亚研究的空白，也是莎士比亚履历表上最神秘的残缺。没有人知道这七年，他做了什么，经历了什么，思考了什么。莎士比亚横空出世。

在伦敦，在剧院谋生的他，当马夫，当杂役，做一切微不足道又烦琐沉重的事。天才需要际遇。这段日子激发了莎士比亚对戏剧创作的灵感与热情。一切都在潜移默化当中进行。很快，他便开始一边谋生一边写作。天赋这种东西，是后天无法培养的。

一个人的阅历多少决定了对人生思考的深浅。莎士比亚的丰富经历成了旁人无法复制的素材。他出身平凡，学历不高，一支笔毫无匠气。可是，他又能从琐碎日常里领悟到细微真理。他只用了两年的时间，便成了顶级剧团“内务大臣供奉剧团”的演员和剧作家。

听上去，便很励志。

还有，他的诗。著名的莎士比亚十四行诗，几乎是所有新派诗人学习的范本。在中国，包括徐志摩、闻一多在内的众多诗人，都承袭了莎士比亚十四行诗的创作精髓。创作十四行诗之前，莎士比亚发表过《维纳斯与阿都尼》和《鲁克丽丝受辱记》两首长诗。这两首诗分别创作于 1593 年和 1594 年。

当时，英国宗教问题敏感，文艺创作疆界不明。一不小心，言语不当便会惹恼宗教人士，这在当时是杀身之祸。莎士比亚盛名在外，是宗教人士极为关注的对象。他得有上层贵族的庇

莎士比亚戏剧插图及书影

护，才能平安创作。这两首诗就是他献给庇护人南安普顿伯爵的作品。莎士比亚同性倾向的传闻也由此传开。

三十岁，莎士比亚在戏剧界已有盛名。每一次写作，都给他带来巨大回响。张爱玲说过，出名要趁早。莎士比亚年少成名，除了带给他丰盈的物质，更重要的是给他带来了荣誉和声望。1598 年，英国大学士 F·米尔斯便盛赞其戏剧“无与伦比”。那年，他才三十四岁。

1599 年，莎士比亚加入伦敦环球剧院，成为演员、剧作家，并兼任股东，还为他的家庭赢得了世袭贵族的称号。1603 年，詹姆士一世继位，莎士比亚所在的剧团改称“国王供奉剧团”，他被任命为御前侍从，常出没于宫廷，排剧演出。世事推波助澜，令他成为传奇。

莎士比亚一世风光。在伦敦，他待了二十多年。晚年，莎士比亚内心阙如，回归故里。一生游荡在外，终究抵不过人之天性里的乡愁所系。1616 年，莎士比亚在家乡去世。那一日，是 4 月 23 日。巧的是，学者们公认的莎士比亚生辰也是 4 月 23 日。这一日，他来。这一日，他去。连生生死死，在他的身上都仿佛别有寓意。

是年，他五十二岁。

去世之后，莎士比亚葬于斯特拉福德圣三一教堂。这座教堂是当地最古老的建筑，建于 13 世纪。遗憾他未留手稿存世，唯有一纸遗嘱。英国作家彼得·阿克罗伊德在《莎士比亚传》里认为，莎士比亚死于热病。关于莎士比亚之死，后人也多非议。

传奇的是他的文学创作。

有趣的是他的平生琐细。

说起来，他是个实在不怎么好的人。在伦敦的那些年，妻子独自在斯特拉福德抚养孩子。他从未想过要把乡下的孩子和妻子接到伦敦。死后遗嘱中，留给妻子的只有一张床，还特别说明是“次好”的那一张。法律规定，妻子可以分得三分之一的财产。他却没有这样做。

莎士比亚戏剧插图

斯特拉福德的圣三一教堂（左）
林肯公园的莎士比亚雕像（右）

所有爱与不爱，死后最明白。

他贪财、吝啬。1597 年，盛名在外且颇为富有的莎士比亚险因偷税漏税身陷囹圄。莎士比亚名列政府的欠税人名单长达三年。1600 年，税收记录当中显示他“仍有十三先令四便士的税单尚未偿付”，直到他被通知会因此下狱，他才很不情愿地付清。

偷税漏税的同时，莎士比亚却放高利贷。一旦落难的朋友向莎士比亚借钱，他便会收取高额利息。如果别人拖欠自己的债款未能及时偿付，哪怕数额再小，他也会毫不留情地将之告上法庭。当时，很多亲戚都说，要想和莎士比亚讨价还价，绝不可能。听上去，实在讽刺。

女儿朱迪思的丈夫托马斯·吉内尔婚后外遇一事被判通奸，弄得满城风雨。当时，莎士比亚已然生命垂危。听闻此事，他不顾一己之身，立刻改写遗嘱，朱迪思不愿离婚，便只留给她三百英镑，并完全剥夺了托马斯的继承权。不让托马斯拿到一分一毫。大部分遗产，他都留给了女儿苏珊娜一家。

遗产分配中，除了家人，还有约翰·赫敏、理查德·伯比奇和亨利·康德三个男性友人，分别得到莎士比亚的二十六先令八便士。莎士比亚希望他们能去买个戒指戴在手上，纪念自己。据说，莎士比亚还抢过理查德·伯比奇的一个情人。可怜安妮·海瑟薇孤独多年，殷殷盼着丈夫衣锦还乡，殊不知莎士比亚风流在外。

最有趣的是，当时掘墓人猖獗，莎士比亚为了防止自己死后坟墓被挖，特地在墓碑上留下这样的话：“看在耶稣的分上，好朋友，切莫挖掘这黄土下的灵柩，让我安息者将得到上帝祝福，迁我尸骨者将受亡灵诅咒。”就连死，他都要死得有腔调。

莎士比亚的后人都不长寿。他的血亲相继死于 17 世纪。两个女儿苏珊娜和朱迪思各有三个孩子，可是六个孩子撒手人寰时皆无子嗣。1674 年，莎士比亚的最后一个孙子去世。从此，莎士比亚血脉彻底断绝。坊间流传，他有一个名叫威廉·达文南特的私生子，可惜无法证实。

最伟大的人也有最渺小的时刻。
最天才的人也有最庸常的时刻。
最温暖的人也有最冷漠的时刻。

人生这回事，莎士比亚就是最好的诠释。他拿起那支笔，面前是一条浩瀚星河；他放下那支笔，面前是世间无尽龃龉。你不能因为他是一个天才，便不容忍他可能是一个自私、功利甚至贪财好色的人。一如你爱一个人，就无法逃避他终有一日会有令你恐惧的寒冷。

# 附 莎士比亚戏剧语录

## A Midsummer Night's Dream
## 仲夏夜之梦

Love looks not with the eyes, but with mind.
爱用的不是眼睛，而是心。

The course of true love never did run smooth.
真爱无坦途。

The lunatic, the lover and the poet are of imagination all compact.
疯子、情人、诗人都是想象的产儿。

## As You Like It
## 皆大欢喜

As you like it, All the world's a stage, And all the men and women merely players; They have their exits and their entrances; And one man in his time plays many parts.
世界是一个舞台，所有的男男女女不过是一些演员，他们都有下场的时候，也都有上场的时候。一个人的一生中扮演着好几个角色。

Beauty provoketh thieves sooner than gold.
美貌比金银更容易引起歹心。

Sweet are the uses of adversity.
苦尽甘来。

Love is merely a madness.
爱情不过是一种疯狂。

## A Merchant of Venice
## 威尼斯商人

It is a wise father that knows his own child.
知子之父为智。

Love is blind and lovers cannot see the pretty follies that themselves commit.
爱情是盲目的，恋人们看不到自己做的傻事。

All that glisters is not gold.
闪光的并不都是金子。

## Measure for Measure
## 一报还一报

Some rise by sin, and some by virtue fall.
有些人因罪恶而升迁，有些人因德行而没落。

It is excellent to have a giant's strength; but it is tyrannous to use it like a giant.
有巨人的力量固然好，但像巨人那样滥用力量就是残暴。

What may man within him hide, though angel on the outward side!
一个人外表可以装得像天使，但却把自己掩藏在内心深处！

## Troilus and Cressida
## 特洛伊罗斯与克瑞西达

Beauty, wit, high birth, vigour of bone, desert in service, love, friendship, charity, are subjects all to envious and calumniating time.
美貌、智慧、门第、臂力，事业、爱情、友谊和仁慈，都必须听命于妒忌和无情的时间。

Take but degree away, untune that string, and, hark, what discord follows!
没有了纪律，就像琴弦绷断，听吧！刺耳的噪音随之而来！

## Romeo and Juliet
## 罗密欧与朱丽叶

My only love sprung from my only hate !
我唯一的爱来自我唯一的恨。

What's in a name? That which we call a rose by any other word would smell as sweet.
名字中有什么呢？把玫瑰叫成别的名字，它还是一样的芬芳。

It is the east, and Juliet is the sun.
那是东方，而朱丽叶就是太阳。

## Hamlet
## 哈姆雷特

This above all: to thine self be true.
最重要的是，你必须对自己忠实。

Brevity is the soul of wit.
简洁是智慧的灵魂。

There are more things in heaven and earth, Horatio, than are dreamt of in your philosophy.
天地之间有许多事情，是你的睿智所无法想象的。

There is nothing either good or bad, but thinking makes it so.
世上之事物本无善恶之分，思想使然。

To be or not to be: that is a question.
生存还是毁灭，这是个值得考虑的问题。

There's a special providence in the fall of a sparrow.
一只麻雀的生死都是命运预先注定的。

The rest is silence.
余下的只有沉默。

## Othello
## 奥赛罗

Good name in man and woman, dear my lord, is the immediate jewel of their souls: Who steals my purse steals trash; 'tis something, nothing.
无论男人女人，名誉是他们灵魂中最贴心的珍宝，如果有人偷走了我的钱袋，他不过偷走了一些废物，那不过是些毫无价值的东西罢了。

## King Lear
## 李尔王

Nothing will come of nothing.
一无所有只能换来一无所有。

Love's not love when it is mingled with regards that stands aloof from th'entire point.

爱情里面要是掺杂了和它本身无关的算计，那就不是真的爱情。

Tis this times' plague, when madmen lead the blind.

疯子带瞎子走路，这就是这个时代的病态。

## Macbeth
## 麦克白

Fair is foul, and foul is fair.

美即是丑，丑即是美。

I fear thy nature; it is too full o'the milk of human kindness.

我为你的天性担忧，它充满了太多的人情乳臭。

What's done cannot be undone.

做过的事情不能逆转。

Out, out, brief candle, life is but a walking shadow.

熄灭吧，熄灭吧，瞬间的灯火。人生只不过是行走着的影子。

No matter how dark long, may eventually in the day arrival.

黑暗无论怎样悠长，白昼总会到来。

# 08

## 一个人感到非常忧伤的时候，
## 他就喜欢看日落

安托万·德·圣-埃克苏佩里

在巴黎旅行的朋友发来一堆照片。

其中，有一张她拍的先贤祠。

她说，她在里面遇到了一个有趣的人。

我问她，是谁。

她说，圣－埃克苏佩里

——安托万·德·圣－埃克苏佩里。

先贤祠，最出名的是伟人墓室，能够入祀先贤祠是至高荣誉。至今，连巴尔扎克、莫泊桑、笛卡尔都未能葬入其中。其实，安托万也没有。可是，有那么一块石碑上刻有他的名字。碑文简单：纪念安托万·德·圣－埃克苏佩里，诗人、小说家、飞行员，1944 年 7 月 31 日执行任务时失踪。

他就是世纪经典《小王子》的作者。《小王子》拥趸无数，能一口说出作者名姓之人远无《小王子》的读者多，就像夏洛克·福尔摩斯的名声也远远大过阿瑟·柯南·道尔一样。有时候，了解一个人是了解其作品的基础；有时候，未必。脱离作者本身而存在于读者审美当中的作品，是有的。

《小王子》如是。

可，安托万的经历那么神奇。

1900年，安托万出生于法国里昂，他是豪门望族之后。祖父费尔南伯爵曾是法国南部洛泽尔省的副省长。后来，他辞官下海，在一家保险公司担任董事。父亲让继承了费尔南的伯爵称号，也进入保险公司工作。1896年，让迎娶贵族之女玛丽·冯思科隆布为妻。二人诞育子女五人。安托万排行老三。

四岁时，父亲去世。家中老五还在母亲腹中，成了遗腹子。即便是独自拉扯五个孩子，母亲也竭力给了他们最好的童年。在安托万心中，母亲仿佛是优秀女性的典型，母亲的形象对他日后的情感经历也有很大的影响。虽成长于单亲家庭，但安托万聪慧、活泼。

从小，他喜欢飞机，也喜欢文字。小时候，他常常骑车到离家不远的昂贝略机场，站在一旁看机械师摆弄飞机。据说，有一回一名机械师把他抱进了机舱，带他上天飞了一圈。这令小小的圣－埃克苏佩里十分激动。回家之后，他特地为此写了一首小诗，还登上了校刊。

一战时期，安托万先后就读于勒芒的圣十字圣母学校、瑞士弗莱堡的圣约翰学校和巴黎的圣路易高中。1919 年，中学毕业之后，安托万报考海军学院，以失败告终。1921 年 4 月，他入伍参军，因缘际遇之下，加入了空军。有时，人生之美在于，梦想遥不可及，而你正在靠近。他的梦想，从来都在万里青空。

很快，他夙愿得偿。

安托万本是空军地勤，梦想仅一步之遥，他心有不甘。因此，他自费学习飞机驾驶，并很快习成，晋升为一名正式的飞行员。做好一件事，最要紧的是热爱。对飞行的热爱令安托万表现出众，得到重用。1922 年，他被提拔为少尉。也是在这一年，他遇到自己生命里的第一个女人：露易丝・维勒默罕。

然而，次年他便出了意外。

1923年春，安托万飞机失事造成头骨破裂。此事一出，母亲和刚与自己定亲不久的未婚妻双双反对他重返飞行员队伍。露易丝还以此为由离开了安托万。有人说，露易丝离开其实是因夫家家道中落，且她本身作风不好。说到底，缘聚缘散，本是寻常。安托万挽留过，然而该走的终会走。

婚约的解除，飞行的中断。这两件事给安托万造成了重大打击。他过了一段乏善可陈仿佛毫无希望的生活，在砖瓦厂当会计，在汽车公司当卡车推销员，日子迅速黯淡下来。在沉默、枯燥与苦闷的日常里，他遇见了写作。写作，成了他的一盏灯。

其间，他发表了自己的短篇小说处女作《飞行员》，这算是他人生低谷时期唯一的安慰。1926年，看着儿子一日一日地憔悴和颓废，母亲终是不忍，替安托万寻到了一个重返蓝天的机会。安托万加入了一家名叫拉泰科埃尔的民航公司。兜兜转转，他终于回到他属于的地方。

1927年，安托万被晋升为公司分部尤比角基地的经理。

尤比角是个荒凉之地，面向大西洋，背靠撒哈拉大沙漠。在这个贫瘠的地方，他生活了两年。这两年，他飞行的次数屈指可数，大多数时间都在处理公司事务。夜深时候，孤清无人，只能写作。代表作《南线邮航》便是作于这个时期。

1929年，他重新开始自己的飞行之旅。从北非飞越大西洋，来到南美，开发公司新的航线。1930年，离开阿根廷布宜诺斯艾利斯的时候，他带回了一个比自己年长的危地马拉女子。这个女子就是后来成为他发妻的康素爱萝·桑辛·圣多瓦。

康素爱萝是个奇趣的女子。她身材娇小，容貌好，有才华，会写作、画画、雕塑。与安托万相识之时，她已是寡妇。她的亡夫是著名作家戈梅·卡利罗。她不仅不是未经世事只知浓情的小女子，还是一个从婚姻当中走过、看过，所有婚姻之美、之恶都已了然在心的人。

可是，安托万不惧不怕。

他爱她，不能自拔。

为了追求康素爱萝、证明自己的写作才华并不逊色于戈梅·卡利罗，安托万呕心沥血创作出了长篇名作《夜航》。这部作品对安托万意义重大，不但令康素爱萝对他青眼有加，还受到了戈梅·卡利罗的文人故交们的认可，其中包括诺贝尔文学奖得主莫里斯·梅特林克（1911 年得奖）和安德烈·纪德（1947 年得奖）。

1931 年，康素爱萝在法国嫁给了安托万。同年，安托万出版的《夜航》也大获成功，拿到了法国费米娜文学奖。两年之后，根据《夜航》改编的电影让安托万之名变得街知巷闻。可是，世间之人果真会珍惜自己拼尽全力换来的当下吗？未必。安托万也不例外。

安托万的妻子康素爱萝·德·圣-埃克苏佩里，据说她是《小王子》中玫瑰的原型

康素爱萝像经营一门艺术一般经营婚姻。她把时间用来照顾丈夫的起居，把精力交给写作、画画和雕塑，把共鸣托付给身旁的毕加索、达利、梅特林克、纪德这帮朋友，把孤独留给了自己。就像她说的：“做飞行员的妻子是一门职业……”她还在花园里给丈夫塑了一座雕像，她说：“这下你再也走不了了吧？”

由于飞行工作性质的缘故，婚后二人常年分居。安托万飞行在外的时间远远超过陪伴康素爱萝的时间。盛名在外，既有人向他投怀送抱，他也开始寻花问柳。康素爱萝的两段婚姻分别嫁给了两个作家，周身也常有艺术圈的朋友。她尊重并容忍了丈夫的一切，包括他的朝三暮四和拓落不羁。

除此之外，安托万挥霍无度，从无节制。纵然当时他已闻名遐迩，收入颇高，可是巨额版税依然无法填补他购买豪宅、跑车和私人飞机带来的空缺。恰逢当时有个巴黎到西贡航线的飞行竞赛，胜者的奖金高达十五万法郎，经济状况陷入窘困的安托万果断决定参加。1935 年 12 月，安托万再次遭遇坠机。

飞机坠毁在撒哈拉沙漠。较之于多年前那一次坠机造成的头骨破裂，此次才算得上与死亡擦肩而过。与沙漠无水的困境相比，坠机之伤不足挂齿。不足四日，他便脱水濒死。最终，他有幸被一个骑着骆驼途经沙漠的阿拉伯人所救。此番死里逃生的经历，让安托万重归平静，审视生命。

虽然错失飞行竞赛的奖金，但他因此创作出了第三部作品《人类的大地》。1939 年，这本书不单为他拿到了法兰西学院文学奖，还凭借英译本在美国拿到了国家图书奖。安托万似乎好运不断，总能逢凶化吉，在苦难中寻到光明，在迷路时得到指引，在逆境里听到掌声。

二战时期，故乡沦陷之后，安托万举家流亡美国，移居纽约。往来于美国和加拿大两年左右的时间里，远离故土的安托万始终无法逃避内心阙如的归属感。他也想扛起枪炮冲到前线，可是，他能依仗的只有手中的一杆笔。他写了《空军飞行员》，写了《给人质的信》，写了令他名垂文学史的《小王子》。

据说，《小王子》这册小书诞生于他和希区柯克的一顿下午茶。当时，安托万在纽约一家餐厅的白色纸巾上信手涂鸦。他画的是一个头戴王冠的小男孩，一会儿在云上，一会儿在山

巅。希区柯克见状便问，画的什么。他道：“没什么，一个活在我心中的小人。”希区柯克拿起他的画左右端详了一番，说，给这个小人写本书吧。

于是，世上有了《小王子》。

当小王子说“请给我画一只绵羊”的时候，世间温柔不敌当下刹那。这个来自B612号星球的小王子，离开了那朵“转瞬即逝”、“只有四根刺可以自卫”却被孤零零丢在自己星球上的玫瑰，开始了独自一人寻找“遗失”的旅程。小王子寻找的，也是安托万失去的，是你我都渐渐遗落在路上的。

1943年4月，安托万回到法国在北非的抗战基地阿尔及尔。1944年7月31日，安托万从地中海科西嘉岛再次起飞，执行侦察任务。途中，他遭遇了飞行生涯里的第三次坠机灾难。这一次，他再也没有回来。就像小王子的离开一样，无声无息，了无痕迹。直到 2000 年 5 月，当年的飞机残骸才被找到，坠机原因是被德军击落。

一个朝秦暮楚的人，内心有童真吗？

一个愤世嫉俗的人，内心有温柔吗？

一个颠沛流离的人，内心有安定吗？

我觉得，会有。

因为他笔下的小王子说：

一个人感到非常忧伤的时候，他就喜欢看日落。

《小王子》原版插图

《小王子》原版插图

附

# 小王子语录

（周克希/译）

- 你要是对大人说：“我看见一幢漂亮的房子，红砖墙，窗前种着天竺葵，屋顶上停着鸽子……”他们想象不出这幢房子是怎样的。你得这么跟他们说：“我看见一幢十万法郎的房子。”他们马上会大声嚷嚷：“多漂亮的房子！”

- 一个人感到非常忧伤的时候，他就喜欢看日落。

- 一个人想把话说得风趣些，便免不了会稍稍撒点小谎。

- 语言是误解的根源。

- 我给浇过水的是她，我给盖过罩子的是她，我给遮过风障的是她，我给除过毛虫的也是她。我听她抱怨和自诩，有时也和她默默相对。她，是我的玫瑰。

- 本质的东西，用眼是看不见的。

- 只有孩子知道自己在找什么。

- 在这个熟睡的小王子身上，让我最感动的，是他对一朵花儿的忠贞，这朵玫瑰的影像，即使在他睡着时，仍然在身上发出光芒，就像一盏灯的火芯一样。

- 要是你喜欢一朵花儿，而她在一颗星星上，那你夜里看着天空，就会觉得很美。所有的星星都像开满了花儿。

- 人们眼里的星星，并不是一样的。对旅行的人来说，星星是向导。对有些人来说，它们只不过是微弱的亮光。对另一些学者来说，它们就是要探讨的问题。对我那个商人来说，它们就是金子。但是所有这些星星都是静默的。而你，你的那些星星是谁也不曾见过的……

09

# 84号小姐的112个春天

## 严幼韵

—

5 月底，朋友发来消息说：

你知道吗？
严幼韵去世了。

朋友觉得我应该是十分了解这个老人的，其实不是。我沉默了一小会儿，尽量在脑中搜索与她有关的记忆。我想到她是上海滩的社交名媛，是民国第一外交官的夫人。慢慢地，我开始记起了一些陈年琐细。最后，我说：那么，她算是最后一个上海滩的大小姐了吧。

十几年前，高考没有底气，与复旦大学擦身而过。以致，复旦大学成了心中久难消淡的症结。复旦大学，始建于1905年，正是严幼韵的母校。严幼韵也是在那一年出生的，她和复旦大学同岁。1927 年，复旦大学招收第一届女学生，严幼韵是其中之一。和其他女生不同，她是名副其实的千金大小姐。

从入校起，她就被万众瞩目。

严幼韵，在复旦名声响亮。复旦的男生都争先想要一睹严幼韵的芳容。自然，不是谁都有机会走近她。遥遥看去，都知道那辆车牌号 84 的车里，坐着校花严幼韵。入读复旦前，严幼韵在沪江大学读到大二，之后才转校。那时，已有很多人称呼她为“84 号小姐”。还有人用“84”的英语音译成上海话“爱的福”来叫她。

1980 年，严幼韵的二女儿杨雪兰曾拜访过一位母亲当年的复旦校友。一听杨雪兰是严幼韵的女儿，七八十岁的老先生的眼神刹那明亮起来，说：“你就是‘84 号’的女儿……你母亲当年可是全上海大学生的偶像。我们天天站在沪江大学门口，就为了看‘84 号’一眼。看到的话便会兴奋一天。”

这么多年了，爱慕她的人从未忘记她。

少女严幼韵

# 二

1905年9月27日，天津老城厢东门里经司胡同，严家夫人杨俪芬生下和丈夫严子均的第三个女儿，取名“幼韵”。幼韵祖父严信厚后嗣不旺，唯有独子严子均。严子均却子嗣繁盛。杨俪芬给他诞育子女七人。亡故的夫人张氏也为他生了二子一女。幼韵家中排行第六。

严家是津门巨富。严信厚的经商本事可谓一绝，他从一个钱庄学徒起步，后来当了李鸿章的幕僚，最后成了连锁钱庄“源丰润票号”的老板，还创办了纺织局、面粉厂、榨油厂等诸多产业。严家的家底，说起来都是严信厚为子孙积累的。

严信厚撒手人寰时，正是辛亥革命前夕。乱世之中，树倒猢狲散，手底下卷款私吞之人比比皆是，弄得严家几乎破产。虎父无犬子，养尊处优的严子均，竟十分争气。他不惧不怕，花了数年时间，一步一步稳定了家业。严幼韵出生之时，严家家业之兴旺不输当年。

严家子女，锦衣玉食。

严家到底多有钱，用严幼韵的话说就是“同一件衣服几乎从来不穿第二次”。严家的少爷小姐，人人都有自己的专属仆人。在家待到十四岁，严幼韵才进校念书。1923年，严家搬到上海。父母来天津看望就读于天津中西女中的严幼韵时，随从仆人都有十余人。

1925年，高中毕业，严幼韵来到上海与父母团聚，入沪江大学读书。豪车接送，女仆随行。旁人看来的阔气和派头，于严幼韵而言却是不值一提的日常琐细。可是，在严幼韵的待嫁年岁，母亲与她讨论婚姻问题时，她说，未来的夫婿不仅必须是她爱慕的人，还要是她尊敬的人，有钱没钱无所谓。

母亲说，你生活奢华，怎能不在乎钱？

她说，嫁给心仪之人，她愿意出去工作。就这样，在追求她的众多男性当中，她看中了杨光泩。照片上，他不算好看，甚至有些瘦弱。就连包括她侄女在内的女性朋友们都觉得当年那个身材健壮、形容俊美、名叫陆钟恩的男子更有可能得佳人心。然而，严幼韵看人，从来不看表面。

杨光泩和严幼韵

严幼韵与杨光泩的婚礼

她喜欢的是：杨光泩的内蕴、涵养、谈吐不凡。

杨光泩是什么人？当真的青年才俊。清华大学毕业后赴美留学，普林斯顿大学国际法与政治学博士，南京国民政府最年轻的外交官。精通多种语言，拿过网球冠军，还有一流的舞技。凡此种种，非是旁人能比。据说，为了认识严幼韵，他曾特地找人在上海最时髦的大华饭店安排了一场下午茶舞会。

1929 年 9 月 6 日，两人在大华饭店举行婚礼。婚纱由法国设计师专门设计，宾客多达上千人，场面之盛大一时无两。婚后蜜月，严幼韵跟随被派驻国外的丈夫游历美国、英国、日内瓦。大女儿杨蕾孟便出生于日内瓦雷蒙湖旁。严幼韵眼光好，杨光泩待她数年如一，惜爱有佳，从订婚到结婚，从蜜月到日常，二人琴瑟和谐，令人艳羡。

一直觉得：

她和顾维钧，属于相伴相依。
她和杨光泩，才是相爱相亲。

## 三

外交官夫人的头衔，给严幼韵带来了一生礼遇。同时，也让她颠沛流离大半生。旅行，有时候是庸常生活里的一种慰藉，有时候它会成为一种生活方式。对于严幼韵来讲，跟随丈夫来往于世界各国游历、驻扎，是她的日常。1939年，杨光泩以公使身份被派驻菲律宾马尼拉出任中国驻马总领事。

抵达马尼拉不久，她带来的贵重首饰便被偷盗一空。严幼韵的珠宝都价值不菲，千金难买。想来，她是被贼人盯住已久。据说，她丢失的珠宝当中，有一条钻石手链被人献给了美国的总统夫人。事后的调查结果令严幼韵十分惊讶，是被当地警察局局长的手下偷走的。局长也有分赃。

严幼韵满不在乎。并非因为财大气粗，而是天性乐观。待人待事，她总往好处想。有人来安慰，她说："一切糟糕的事情都有可能发生，这已经是程度最轻微的了。"九十八岁被查出直肠癌，众人惶恐，唯她淡定。老了之后，从不戴假牙，结果一次行车事故，导致她牙齿全无，众人难过。她又道："事情本来有可能更糟糕，说不定命都没了。"

严幼韵没有想到自己会在马尼拉遭遇人生至痛，亲历生离死别。太平洋战争爆发之后，灾祸成为日常。1942 年 1 月 2 日，日军侵略菲律宾，马尼拉失陷。日本人大肆抓捕中国人、英国人和美国人。两天之后，一家人正在吃早饭，杨光泩突然被日军带走，囚禁在市中心的菲律宾总医院。

谁知道，杨光泩一去不回。4 月 17 日，杨光泩因拒交抗战华侨，和其他被捕领事馆人员一起被秘密处决。未吃完早餐的那日，竟成了严幼韵和丈夫共同度过的最后时光。当她收到一包日本人寄来的东西——丈夫的头发和眼镜时，她终于不得不承认，自己彻底失去了那个原以为会与自己生死不离的男子。

身前，硝烟战火，朝不保夕。身后，是她和丈夫的三个女儿，如同惊弓之鸟，日夜战栗不安。一家人的生死重担刹那砸到她肩上。同时，那些与她同命相连的外交官太太们纷纷来找，她成了外交官太太们的依赖，就像她们的丈夫生前敬重她的亡夫杨光泩一般。

中国，是她长大成人的故土。

美国，是她安度晚年的乐园。

较之于中国和美国，菲律宾便犹如一处令严幼韵破茧成蝶的洞穴。在菲律宾的五六年生活，是严幼韵的人生史册当中不能忽略的一页。昔日十指不沾阳春水、仆从簇拥的千金小姐，面对灾难，出人意料地凛然不惧，孤身一人带着一群孤儿寡母在枪林弹雨之中求生。

她开始种瓜种菜。

她开始养鸡养猪。

她开始缝裳补衣。

有时，连她都会惊讶于自己极其顽强的生命力和不为人知的坚韧与隐忍。并且，她不允许自己的日子灰暗到底。哪怕一阵敲门声、一阵马蹄声、一阵窸窸窣窣，都会令她心惊胆战，她仍然竭力让所有人过得不那么绝望。她会舍命从被日军侵占的住处偷运出钢琴，会和大家打麻将，哀中取乐。

这样的日子，她过了三年。

1945年，日本战败，撤离马尼拉。美军的进驻令严幼韵和外交官太太们看到了希望。4月12日，美国总统罗斯福去世的这一日，严幼韵带着女儿们乘车穿过已被摧毁殆尽的马尼拉市中心，登上了“埃伯利海军上将”号邮轮。离开了菲律宾，前往美国。

## 四

战争令她独立。

1945年，严幼韵来到纽约。脱离了战争的硝烟，日子复归平静。上海虽有家产，但她决定独自谋生，抚育三个女儿。严幼韵本身具备的社交能力和与杨光泩的一段婚姻为她积累了许多人脉。不久，严幼韵谋取到一份联合国的工作，担任联合国的“礼宾官”。薪水不算丰厚，不过也可贴补一二家用。

女儿们日渐长大，她开始思量自己的生活。从杨光泩去世，到再嫁顾维钧，严幼韵一个人孀居长达十七年。其实，她与顾维钧相识多年，那时他叱咤风云，她还只是不经事的女学生。顾维钧算是杨光泩的前辈，陪同先夫工作游历各国之时，严幼韵常常碰到顾维钧。

老太太一百零九岁的时候出了一本口述回忆录。书中诸事详尽，唯有与顾维钧的恋情一笔带过。谈到她与顾维钧的故事，已是从婚姻开始。想必当中有不少难与人言的轻柔与含蓄。倒是顾维钧的前任太太黄蕙兰言语直接，在回忆录中称严幼韵为顾维钧在“联合国工作的女相好”。

顾维钧（左）
严幼韵与顾维钧（右）

言下之意，黄蕙兰认为严幼韵是介入她与顾维钧婚姻的第三者。顾维钧与杨光泩、张学良交好。张学良对黄蕙兰性情之烈印象深刻，他曾在回忆录中说，有一次，他和顾维钧在杨光泩家中打麻将。得知严幼韵与顾维钧有私交，黄蕙兰当场辱骂杨光泩和严幼韵，并当众把一杯水倒在了顾维钧的头上。

张学良说："她当我们面骂杨的太太，骂的那个话，不好听得很呐，那杨的太太也坐那儿，也不动。我们在那儿也不好意思。"如果事实与之出入不大，不禁令人怀疑，毁掉顾维钧第三段婚姻的根本原因可能不在于严幼韵，而在黄蕙兰的坏脾气。

从左至右分别为：黄惠兰、顾维钧、严幼韵

1959年9月3日，严幼韵和顾维钧结婚，婚礼在墨西哥城举办。严幼韵不曾诋毁黄蕙兰，不过在回忆录中，她说："尽管他和妻子蕙兰已经分居快要二十年了，但蕙兰舍不得'大使夫人'的头衔，拒绝在他退休之前离婚。"听上去，心中仍有芥蒂。直到顾维钧卸任，黄蕙兰方才同意离婚。

婚后，原本打算退休的顾维钧临时又被举荐，担任荷兰海牙的联合国国际法院法官。1959年，严幼韵退休。1960年，随夫迁居海牙。在海牙生活六年后，两人重返纽约，定居公园大道1185号。是年，严幼韵六十一岁，顾维钧七十八岁。与顾维钧在纽约的晚年生活，对严幼韵来讲，是她后半生最大的安慰。

相敬如宾。
儿孙满堂。

老两口长寿，顾维钧去世时九十八岁，老太太活到一百一十二岁。很多人问询二老长寿诀窍。哪里有什么诀窍。老太太这一辈子睡到自然醒，连早饭都是不吃的。过得随心、随性。可是，她把顾维钧照顾得规规矩矩、无微不至。顾维钧谈到长寿一事，也说除了“散步”和“少吃零食”，便是“太太照顾”。

顾维钧进行十三卷本口述史项目的日子，每晚十一二点，严幼韵总会在丈夫房里放一杯阿华田和一些饼干或者甜品，且会开着走廊的灯，提醒晚睡的顾维钧吃点心。顾维钧看到走廊灯亮，就知道妻子用意。吃完，他会关掉走廊的灯示意妻子安心。

老来做伴，便是如此。

严幼韵作息散漫，何以也如此长寿？私以为因她有颗凡事宽大之心。用她的话说就是“不回首”。1985 年 11 月 14 日，顾维钧一边在浴缸里洗澡，一边和浴室外的妻子讨论明日邀请哪些客人来打麻将。严幼韵问了一句什么，丈夫迟迟没有回答。等严幼韵走进浴室去看，丈夫仿佛熟睡如孩童，就那样走了。

想来，她离开的那一天。
也一定跟顾维钧一样。
走得平和安详。

那一天，是 2017 年 5 月 24 日。

10

# 嘿，你连 Wi-Fi 了吗
# 海蒂·拉玛

你知道世界第一位全裸出镜的女演员是谁吗？

当朋友问我的时候，我嗤之以鼻。我觉得这个问题算不得有趣。未等我开口，她又问我，你知道 Wi-Fi 是谁发明的吗？这个问题倒是有趣。然而，我却不知。再后来，朋友说，你知道第一位全裸出镜的女演员就是发明 Wi-Fi 的人吗？刹那，我瞠目结舌。

这个人就是：海蒂·拉玛。

作为女子，海蒂·拉玛的一生当真传奇。1914年11月9日，她出生于奥地利维也纳。本名叫海德维希·爱娃·玛丽娅·基斯勒。父亲是银行家，母亲是钢琴家。她家世极好，是个千金小姐，又是家中独女，自幼生活优渥，接受最好的教育。加上一副好容貌，从小她便勇敢、自信。

七八岁时，海德维希便会弹钢琴、跳芭蕾。在瑞典女子学校读书时，她的各科成绩都出类拔萃，尤擅数学。后来，她开始学习刚刚兴起的通信专业。此时，她已是妙龄少女。周边的人每每见她，都会惊赞她的美貌。时间一长，她便动了当演员的念头。

恰好，她又遇见了戏剧导演马克斯·莱因哈特。世事因缘，皆有注定。一切都仿佛已被安排好。海德维希放弃了通信专业的学习，跟随马克斯去了柏林，闯荡演艺事业。以她的天资，想要当个演员，不是难事。很快，她便有了自己的电影处女作《街上的钱》。

这一年，她还只有十六岁。

在处女作中，海德维希还只是个小角色。1932 年，捷克斯洛伐克的一家电影公司找到了她，邀她独挑大梁，出演女主角，并且承诺电影会推向国际市场。唯一的条件是，她必须全裸出镜。素来果决的海德维希，全然没有被全裸出镜一事吓到，应承了下来。

1933 年，海德维希主演的电影《神魂颠倒》公映。十九岁的海德维希成了电影史上第一位全裸出镜的女演员，声名大噪。对这件事，她满不在乎。她说：“如果你用点想象力，你可以看见任何女演员的裸体。”可是，那个年代还很闭塞。父母因此十分担忧女儿将来的婚嫁一事。

直到军火大亨弗里茨·曼德尔的出现。

海德维希的父母常常出入上流社会的派对，对弗里茨的名字也曾听闻一二。两人算是门当户对。相识三个月之后，海德维希嫁给了弗里茨。此时，二战爆发在即。希特勒在德国掌权，从事军火生意的弗里茨从中看到了无限商机，频繁与希特勒的纳粹党接触。

弗里茨虽然忙碌，但是仍然不忘收购《神魂颠倒》的电影胶片。他的占有欲极强，无法忍受旁人继续看到妻子的身体。他不但不许妻子再拍电影，还限制她的人身自由。1937 年，作为军火大亨弗里茨的夫人，海德维希出席了希特勒的家宴。此时，弗里茨已是纳粹的军备供应商。

彼时，弗里茨常带妻子参加自己与纳粹的机密会议，妻子的美貌成了他讨好希特勒和纳粹党的筹码。也是这段时期，海德维希知道了很多纳粹无线通信的秘密。当纳粹进军奥地利，灭绝人性之残暴日渐显现之时，海德维希知道自己已与弗里茨无法共处。她的父亲就是犹太人，她感到绝望。弗里茨不知，平日恭顺的妻子已经筹谋逃离。

不久之后，一日深夜，忍无可忍的海德维希与女佣串通，带着一个行李箱，从盥洗室翻窗逃走。她直奔火车站，连夜离开了维也纳，登上一列去往伦敦的火车。身为犹太裔，欧洲已不再安全，她想到了美国。乱世之中，几乎是倾其所有，她终于买到了一张“诺曼底”号邮轮的船票，横渡大西洋，去往美国。

世间相遇，都是注定。海德维希遇见了美国著名的米高梅电影公司的老板——路易斯·梅耶。路易斯能够注意到海德维希是人之常情。人群里，她鹤立鸡群，哪怕是落魄逃难，也无法掩藏她的美。与路易斯的相识，给了海德维希重做演员的机会。这也成为她只身前往美国的谋生之计。

那个年代，孤自一人逃难出国。

敢做且做到的人不多。

海德维希是一个。

邮轮上，海德维希与路易斯相谈甚欢，签订了为期七年的一纸合约。只是，路易斯认为海德维希的名字无法再继续使用，她需要有个全新的身份。说到底，弗里茨这个军火大亨并不好惹，即便在大洋彼岸，小心一些总是好的。当邮轮抵达纽约港，海德维希踏上美国土地的那一刻，她已是海蒂·拉玛。

来到美国，来到米高梅，海蒂重新开始了自己的演艺生涯。然而，她长得实在太美了。美到，她有无演技无人在乎。只需要她的一张绝世容颜，电影便能卖座。这是好是坏呢？起码当

电影《没有护照的女人》剧照

电影《齐格菲女郎》剧照

电影《参孙和达莉拉》剧照

下不算一件坏事。她被米高梅捧成了“世界上最美的女人”。

1938年，海蒂在好莱坞主演的首部电影《海角游魂》公映，一头黑发的海蒂也终结了金发美人霸占大荧幕的时代。她先后与米高梅合作了二十多部电影，然而，无论她与多大牌的演员、导演合作，她饰演的总是美艳、性感的角色。虽然这令她迅速走红，但是对于她来讲并不有趣。

就像当年学习通信专业的时候，她想当演员。如今，成为米高梅当红女星的她，又常常怀念起昔日放弃的通信专业。她不是只会表演一心想红的寻常女演员。她有学识，又精通理工。

电影《海角游魂》剧照

战时机密会议里听到的高端科技研究资料，成为她与弗里茨的婚姻带给自己的最大收获。

她常常一个人在家搞些小创造、小发明。

只有伟人相晤才会改变世界吗？

未必。

1940年，初夏，一个寻常的下午，这个下午将改变未来的世界。这个下午，有两个人，他们史无前例地坐到了一起喝咖啡。一个好莱坞女演员，一个明星美体顾问。听上去，大概是一个女明星向美体顾问咨询丰胸瘦身的无聊下午。一开始，也的确如此。

海蒂从来不曾理会过这个叫作乔治·安太尔的邻居。乔治也未必真的在意这个性感美艳的女明星。两人在女演员珍妮·盖诺的家庭晚宴上才算正式相识。这个下午，由于接拍新片《齐格菲女郎》，海蒂被老板要求再瘦些。她只能向乔治咨询，邀请乔治来家中做客。

这个下午，从好莱坞司空见惯的瘦身话题开始，两人闲话。也不知过了多久，突然他们聊起了点别的。乔治发现这个女演员有些特别，她的家中竟然有一张巨大的桌子，上面还有许多设计图纸，令他实在难以想象。同时，海蒂也意外地发现乔治是个音乐家。

忽然，他们的聊天变成一列失控的无轨电车。他们谈过去，谈当下，谈音乐，谈设计，谈从未与人倾诉过的话。谁能想到，一个女明星会和一个美体顾问研究了一下午的“鱼雷操控”之类的军事问题。聊着聊着，两个人慢慢产生了“跳频扩频”的构思。这令二人兴奋不已。

仿佛一刹那，海蒂的心思从表演转移到了科研。这中间的跨度，犹如烈日之阳和冷夜之雪那么遥远。电影表演需要感性思维，通信工程需要理性思维。兼而有之，简直卓越。海蒂如此，乔治亦然。他们就像好莱坞这个名利场的两块稀有金属，天然多出了一分神秘和冰冷。

对一个女演员来说，科研发明实属“不务正业”。海蒂开始一心钻研她和乔治的科研。甚至，她为此丢失了《卡萨布兰

海蒂·拉玛在做实验

卡》和《煤气灯下》等电影的出演机会。顶替海蒂的英格丽·褒曼凭借《卡萨布兰卡》一夜成名，更凭借《煤气灯下》斩获了第十七届奥斯卡奖最佳女主角奖。

海蒂，与好莱坞和电影渐行渐远。

1940 年初，海蒂凭借自己在数学和通信工程两方面的卓越天资和乔治·安太尔开始研发飞机导航系统。1941 年，他们完成研究并设计他们的“频率跳变”装置，并在这一年 6 月 10 日向美国国家发明委员会申请了专利。1942 年 8 月 11 日，海蒂和乔治的专利申请得到批复。

所谓“频率跳变”，简单来说就是未来网络时代和手机通信的技术根基。没有海蒂的“频率跳变”，便没有 CDMA 技术、蓝牙和 Wi-Fi。然而，海蒂太美。在她的美貌面前，她的智慧竟令人轻视。最后，就连乔治的妻子也对丈夫日夜与美人黏在一起工作的事大为不满。

谁会相信自己的丈夫与海蒂日夜不离，是在做科研？哪怕有专利摆在面前，也无法说服乔治的妻子，相信丈夫动机单纯。

一切都可以理解。许久之后的一日下午，乔治带了一束黄色玫瑰敲开了海蒂的门。黄色玫瑰，代表什么？珍重与祝愿。他是来与海蒂告别的。

此生一别，两人再未相见。

当美国国家发明委员会与美国海军、联邦调查局开联席会议，研究这项发明能否投入军用之时，无人关注海蒂的图纸。他们只是不停地窃窃私语，讨论面前这个拿着图纸解说的绝色佳人。所有人，对海蒂本人的兴趣总是更大。美国是她避难的港湾。她热爱美国，可是美国并未一视同仁地重视她。

当她的发明被美国政府和军方当作儿戏一般走了过场之后，那些人告诉海蒂，假如真的热爱这个国家，不如利用自己的美貌帮国家推销战争债券。海蒂照做了。她以“拍卖海蒂的吻”作宣传，为美国政府募集到了两千五百万美元的最高纪录。而今，这相当于三亿五千万美元。

多年之后，在加利福尼亚州的圣迭戈，一个无名小公司得知了海蒂和乔治“频率跳变”的技术，利用它研发出 CDMA

无线数字通信系统，拥有了 CDMA 技术上的三千九百多项专利，并授权全球一百三十多家电信设备制造商使用其技术，收缴专利使用费。最后，这家小公司成了世界五百强，也就是而今著名的美国高通公司。

电信通讯业专家戴夫·莫克也在《高通方程式》一书中说："今天的扩频通信技术就起源于拉玛和安太尔使用多频传输信息的概念。……只要你使用过移动电话，你就有必要了解并感谢她。要知道，这位性感女明星为全球无线通讯技术所做出的贡献至今无人能及。"

海蒂在科研期间，虽然仍零星出演过几部电影，但是都名不见经传。当年顶替自己的英格丽·褒曼一跃已成为好莱坞最有价值的女明星之一。1945 年，海蒂与米高梅的合约到期。出演了米高梅的最后一部《公主与侍者》之后，海蒂离开了米高梅电影公司。

由于弗里茨的政治问题，海蒂的发明从未被美国政府正式地"公开"使用。二战结束，她只能回归表演。离开米高梅，海蒂自己创立了一家电影公司，意欲东山再起。然而，日复一日，她的表演事业终无太大起色。纵然她曾被赞誉为“世界上最美的女人”，可是好莱坞最不缺少的，就是美人。

1958年，四十四岁的海蒂宣布息影。

海蒂一生有过六段婚姻，除了军火大亨，她还嫁给过作家、演员、乐队指挥、石油商人和律师。与第二任丈夫作家吉恩·马基有一个儿子，和第三任丈夫英国演员约翰·洛德有一儿一女。1966年，她出版自传《我与〈神魂颠倒〉》，讲述自己的情欲私隐，被《花花公子》杂志列为史上十大情色自传之一。

1967 年，海蒂的电影公司也关门歇业。

对于自己一再失败的婚姻，海蒂说："一直以来，我的脸孔是我的不幸，它吸引了六个失败的婚姻对象。它吸引了错误的对象来到我的闺房中，并且，在五十年的岁月里，不断地带给我悲剧和心痛。我的脸是我不能移走的面具，我必须永远与它在一起，但我咒骂它。"

海蒂的后半生，孤寂凄凉。世间繁华，都是云烟。漫长岁月里，海蒂一直勇敢去拼，然而光阴待她并不温柔，她毕生所寻的安稳和温暖，终究不得。说起来，这一生她有过什么呢？较之于电影明星这个身份，或许科学家的头衔要更令她觉得受用一些吧。

1997 年，海蒂已经八十三岁。她成了一个离群寡居、深入简出、与世无争的老人。过往的岁月里，那些或璀璨或暗淡的往事，她早已不去想、不去念。谁会想到，暮年寂静终被打破。有一天，一个叫作"美国电子前沿基金会"的组织给她打来电话，告诉她，要为她当年的发明颁发一枚先驱荣誉奖章。

老人笑了笑，电话挂断，并未去领。

2000 年 1 月 19 日，海蒂在家中去世。她的律师讲：“对于我来说，她一直是最完美的电影明星。她走路时总是昂着头。她非常漂亮。即使年老时，也是那么美。”据说，她是梦中而去，去时窗前的电视还开着。她在看什么？是往事的电光幻影？是岁月的石破天惊？没有人知道。

这一年，她八十六岁。

岁月终于平静如初。

2014 年，海蒂 · 拉玛入选美国发明家名人堂。对于海蒂来讲，这个荣誉来得实在太晚、太晚了。浮生如梦，所有的错失、遗憾、伤痛，终已一一回归尘土，消散殆尽。世间留下的，只有后世对她为时已晚的认可和追忆。然而，怀念无法回避。就好像，我想到她的时候，刚好问了你一句：

嘿，你连 Wi-Fi 了吗？

# 11

## 如果你不能接受我最差的一面，那么你也不配得到最好的我

## 玛丽莲·梦露

—

我总觉得你很年轻。

我总觉得你依然年轻。

我总觉得你应该永远年轻。

而你已九十多岁，如果你还在的话。

2011年，六十二岁的杰西卡·兰格因《美国恐怖故事》为国人熟知。兰姨新作《宿敌：贝蒂和琼》中，有一处情节令我惊动。兰姨饰演的奥斯卡影后琼·克劳馥在出席金球奖颁奖典礼后，醉酒离开，跌跌撞撞倒进她的那辆凯迪拉克车里。心情大坏，十分失态。记者来问，她迂回婉转。可她明白，为何自己动怒又失态。

因为，那已不是她的时代。

那个时代，属于玛丽莲·梦露。

1960 年，玛丽莲·梦露凭借电影《热情似火》拿到了第十七届金球奖最佳女主角奖。美剧《宿敌：贝蒂和琼》里，琼·克劳馥参加的便是那一届金球奖颁奖典礼。琼·克劳馥看到玛丽莲·梦露出场之时，眼神嘴角流露出隐藏着嫉妒的鄙夷。当玛丽莲·梦露魅惑的声音破空而来，琼·克劳馥哭了。

连琼·克劳馥都嫉妒过玛丽莲·梦露。

其实，玛丽莲·梦露是她的艺名。她叫诺玛·简·莫泰森。1926 年 6 月 1 日，诺玛出生在洛杉矶。母亲格拉迪斯·巴克尔·莫泰森是电影公司的胶片剪辑师。诺玛出生的时候，格拉迪斯虽然只有二十五岁，但是已经离过两次婚。第一次结婚的时候，还只有十四岁。

格拉迪斯也是可怜人，莫泰森家族有精神病遗传史，她没有健全的父母照料，独自长成一个随心随性的女子。诺玛是个私生女，连格拉迪斯也不知道她的生父是谁。虽然格拉迪斯跟第一任丈夫有两个孩子，但是都被丈夫带走。如今，她的身边只有诺玛。

彼时，格拉迪斯在好莱坞工作，为了生计，她常常需要工作十几小时，无暇照料诺玛。诺玛出生十二天，便被母亲送到了寄养家庭，开始了自己颠沛流离的一生。那时候，她还不知天地为何物。更不知道，生之艰辛本是寻常。在寄养家庭，她一直生活到七岁。

格拉迪斯并非冷酷之人。她对诺玛心中愧疚，时刻想着要努力工作，攒钱买房给女儿一个家。可是，当年的好莱坞不过是个电影作坊。工作条件简陋又艰苦。格拉迪斯的工作令她每日长时间接触胶片黏合剂和各种化学药品，加上家族基因的缺陷，她的身体和精神每况愈下。

1933年，格兰迪斯终于买了房。好莱坞阿保大街6812号，一座白色平房。当诺玛被母亲从寄养家庭接走时，幼小的诺玛内心惶恐。直到站在那座白色平房的面前，母亲告诉她，那便是以后她们相依为命的家。诺玛喜极而泣——终于，她有了一个家。

童年时期的梦露

谁料命运残酷。诺玛这一生，仿佛注定漂泊不息。次年年初，格拉迪斯便因精神崩溃住进了疗养院。刹那间，诺玛举目无亲。诺玛回忆说："我耳边一直回响着妈妈被带出这个她努力为我建造的家时发出的尖叫声和大笑声。"自此，格拉迪斯的挚友格蕾丝·麦基成了诺玛的监护人。

格蕾丝是个好人。她对诺玛很好，打算收养这个可怜的女孩。只是，当时格蕾丝的未婚夫欧文·戈达德和前妻已有三个孩子，他不大愿意再承担一个孩子的抚养责任。其实，这也是人之常情。格蕾丝无法强迫丈夫收养诺玛。1935年9月13日，诺玛被送进了洛杉矶孤儿院。

这件事，成了诺玛一生的心病。

忽然之间，她孑然一身。

人世浮沉，总得经历伤欢悲喜，才算成其一生。可是，那时她还只是不谙世事的孩子。尚不知道，何为欢，何为喜。小小年纪，能拥有的竟然只有无依无傍和孤独冷寂。在孤儿院时期，格蕾丝也常常会把诺玛接到家中小住。可是，终要回去。她在孤儿院生活长达三年之久。

1938 年，过完十二岁生日的诺玛，终于离开了孤儿院。格蕾丝的姨妈安娜·劳尔得知诺玛的情况，心疼不已，决定照顾这个孩子。安娜成了诺玛辗转流离的岁月里最大的安慰。居无定所，诺玛上学的学校也常常更换，她永远都是那个被排挤的新同学。

如今，有了安娜。安娜会抱住她、告诉她："如果别的孩子取笑你，取笑你的衣服，或者取笑你住的地方，这些都不重要。亲爱的，一定要记住：你自己怎么样才是真正重要的。

做真实的自己，宝贝，这是最要紧的。”她第一次在黑暗的生活里，看到明媚。

从一个家庭到另一个家庭，令诺玛变得敏感。她开始学会讨好大人。不管在哪个家庭，她总是非常懂事和听话。从不需要大人催促，她便会早早地上床睡觉。她希望大人们会因此对她多一些喜欢和疼惜。最令人心痛的，就是一个孩子逼着自己长大。

两年之后，格蕾丝的丈夫欧文终于同意收养诺玛。于是，诺玛又不得不离开最疼爱她的安娜，来到格蕾丝的家中。她无法决定自己的来去，有人愿意要她，她便会去，有人想要抛弃她，她又只能离开。在格蕾丝家住了也不过只有另一个两年。

1942 年，欧文由于工作关系要举家搬迁到西弗吉尼亚。虽然格蕾丝已经是诺玛的法定监护人，可是诺玛的母亲格拉迪斯尚在，没有她的同意，格蕾丝无法带走诺玛。然而，此时疗养院中的格拉迪斯已然神志不清。听到女儿要被带走，只是万般不允。她是那样想要好好爱自己的诺玛。可是，她却无能为力。

如此一来，诺玛再度无家可归。

这一年，诺玛十六岁。

十六岁的诺玛，似是在晃眼之间，长成了一个亭亭玉立的美少女。幸好，她有美貌。她从来不知道，美貌会成为自己苦难生活里的救命稻草。有个叫作吉姆·多尔蒂的小伙，钟情诺玛许久。他们本是邻居，两家人也算知根知底。诺玛没有料到，最后收留自己的人，会是吉姆。

吉姆爱她，可是非亲非故。格蕾丝知道，如果想要诺玛有一个家，只能促成诺玛嫁给吉姆。吉姆自然千万个愿意。诺玛呢？她别无选择。有些悲伤与生俱来，有些忧郁是与生俱来，有些木讷、迟缓甚至格格不入也是与生俱来。她一无所有，唯有纯真。

嫁给吉姆，对诺玛来讲，未必是坏事。起码她有了一个家，无须再四下流离，无须再惊恐一个人的孤寂。听上去，实在心酸，可就是这样。大明星玛丽莲·梦露，从来不是什么天之骄女，她一直是路边一棵与风雨为邻、枕霜雪而眠的伶仃小草。

她的过去，暗淡至极。

1942 年 6 月 19 日，读高一的诺玛辍学，与吉姆结婚。老天给了她绝世容颜，却没有给她哪怕寻常的命运。从少女变成妻子，诺玛不大适应。洗衣、打扫，都不大难，都是从小在寄养家庭常常需要做的事情。可是，她没有煎炸烹煮的经验，不会做饭。不是“土豆没有烧熟”便把“牛肉烤得太焦”。

吉姆对诺玛很好，还送了诺玛一条柯利牧羊犬。次年，二战爆发，到处招募年轻人。吉姆加入了“美国商船队”，常年出海。诺玛和婆婆住到了一起。吉姆不在的日子里，诺玛十分惶恐，日夜不安。如今，吉姆是她唯一的依靠。吉姆不在，她惊慌失措。

吉姆出海的日子里，诺玛给他写了两百多封信。她那样害怕失去吉姆。这是爱情吗？倒不觉得。与其说是爱，不如说是诺玛对吉姆和一个家的依赖。婆婆见状心疼，问诺玛是否想工作。诺玛当然同意。她需要做点什么，以解心中苦闷。

她需要放过自己。

放过那一颗不安的心。

不久，诺玛成了埃塞尔无线电飞机厂的一名女工。从喷涂工作开始，最后负责检查和折叠降落伞。有时，她也会想，此生也就这样了，庸庸碌碌。改变诺玛命运的是一个叫作大卫·康诺弗的摄影师。他是当年尚在军中、后来成为美国总统的罗纳德·里根的下属。

一日，大卫来到了诺玛工作的地方。他要拍摄一些女工的照片发表在《美国人》杂志上，这是美国军人最爱看的杂志。人群里，他看到了诺玛。他实在无法不注意到她。他不知道寻常女工里会有如此惊为天人的女子。她的身段和容貌，无一不令大卫屏气凝神。

身穿苹果红羊毛衫的诺玛，成了大卫镜头中最美的画面。诺玛不知道，这张照片，会改变她的一生一世。时光惊雪，花好月圆。当诺玛的照片在《美国人》杂志上亮相之时，蓝皮书模特公司的著名模特经理人艾米丽·斯奈林的职业敏感让她一眼看中了诺玛。

收到艾米丽的邀约，诺玛喜出望外。蓝皮书模特公司声名煊赫，诺玛也是久闻大名。可是，模特培训班的一百美元报名费，诺玛拿不出来。换作旁人，大约此事也就作罢。艾米丽爱才，她帮诺玛介绍了一个为期十天无须经验的模特工作，每日十美元酬劳，十天下来刚好攒够报名费。

这一年，诺玛十九岁。

她没有家世，没有背景，没有学识，没有左右逢源的能力，只有老天留给她的身段和美貌。但这仅有的一点，可以成为她

早年的梦露

梦露在埃塞尔无线电飞机厂

模特时期的梦露

未来的事业，她不敢懈怠。每一次机会，她都握紧抓牢。诺玛的努力，令她很快出现在各种广告、画报和杂志当中。

然而，当吉姆出海归来小住，诺玛与之谈论起模特工作时，吉姆大为反对。他哪里受得了自己的妻子抛头露面，拍摄性感照片娱乐旁人？可是，诺玛热爱这份工作。她无法轻言放弃。最后，吉姆逼迫诺玛做选择，到底是当模特，还是当他的太太。

1946 年 5 月，诺玛决定离婚。她是那样渴望被人关注。模特事业刚刚开始，眼见自己的照片好评如潮，诺玛无法忽视将来获得更多关注的可能性。与其说，诺玛是为了事业放弃了婚姻，不如讲她慢慢明白了，世事艰辛，她需要的安全感无法指望别人。

她要自力更生。

● 梦露与第一任丈夫吉姆·多尔蒂

## 三

当本·莱昂注意到诺玛的时候，命运再次给她打开了一扇门。本·莱昂是二十世纪福克斯电影公司的人才主管。他对诺玛的赏识，让世上从此有了一个名叫“玛丽莲·梦露”的女人。诺玛当然也想成为电影明星。没有一个少女不想成为万众瞩目的明星。

1946年，诺玛签约二十世纪福克斯。之后，本·莱昂要求诺玛改名，拣选了数个艺名之后，最终确定了“玛丽莲·梦露”这个名字。昔日跟母亲一样的一头红发也染成了金色。谁会想到，当诺玛·莫泰森变成玛丽莲·梦露，好莱坞历史上将永远为她留下一个无人可触的位置。

然而，一切的开始都不容易。诺玛签约之后，每周只有七十五美元的薪水。在福克斯待了六个月，她才得到了一个没有名字、没有台词甚至连脸都看不清楚的角色。是年 8 月，诺玛终于出演了一个有台词的角色，在《危险关系》中扮演一个女服务员。对诺玛来说，这算是她第一部真正意义上的电影作品。

也是玛丽莲·梦露留名的第一部作品。

梦露的电影事业刚刚起步，福克斯却意外和她解除了合约，连一个合理的解释也没有，个中内情已无人知。梦露内心委屈，却也无奈。好在老天开眼。1948 年，在福克斯的同事乔·申克的引荐之下，梦露加入了哥伦比亚电影公司，从头开始。

梦露没有学过表演，加入哥伦比亚公司之后，她开始学习。她待人真挚、诚实，虚心学习一切可学之事，竭力提高自己。她跟随表演教练娜塔莎·莱特斯，练台词、练动作、练表情、练眼神、练一切琐细，毫不懈怠。渐渐，平素连说话都有些结巴的梦露开始展现出自己当演员应有的素养和魅力。

在哥伦比亚，梦露接连拍摄了《热女郎》和《快乐爱情》两部电影。沉淀之后的梦露越发迷人。依然都不是重要角色，可是只要梦露出场，总会夺人眼球，哪怕她一言不发。在《快乐爱情》里，她演一个虽愚蠢但性感的女子。也是从这部电影开始，梦露的性感形象令她的角色被固定化。每每出现，都性感撩人。

说回当年解聘梦露的福克斯，在电影《快乐爱情》上映获得成功之后，福克斯立刻重新寻回梦露。当年，福克斯给梦露每周七十五美元酬劳，如今寻回她的价码是每周五百美元。然而，这是其次。重要的是，他们给出了巨大诚意。那就是与大导演约翰·休斯顿合作的机会。

1950年，约翰·休斯顿导演的《夜阑人未静》上映。影片中，梦露首次饰演严肃角色，虽然是配角，但是当世人都说她是花瓶时，她却用出色的表演证明了天赋和实力。连导演都说："她到自己的个人体验中去寻求一切灵感，表现出她自己独特和非凡的东西。她没有运用技巧。她所表现的都是真实的，就是玛丽莲。"

真实，本来就是世上最难的事。

1953年，梦露第一部担当女主角的电影《飞瀑怒潮》上映。依然是性感女子的形象，可是梦露竭力让自己的每一次性感都与众不同。眼见事业风生水起，却遭遇一场意外的裸照风波。几年前，梦露拍摄的一组“红天鹅绒裸照”，“意外”流出，轰动全美。

梦露常演不聪明的性感女人，可她一点也不笨。据传，梦露的智商高达一百六十八。不知是否可信，但是如果没有一点

20世纪福克斯时期的梦露

电影《夜阑人未静》剧照

电影《无需敲门》剧照

梦露在《让我们相爱吧》片场

电影《琼宵禁梦》剧照

电影《七年之痒》现场

聪慧和机敏，任凭再好的机遇，恐怕也未必能在美人如百花般寻常的好莱坞脱颖而出。除此之外，她的勇敢无人能比。

1949 年 5 月 27 日，经摄影师汤姆·凯利之手，梦露拍摄“红天鹅绒裸照”。有人说，她是迫于生活窘困方才应承了摄影师的邀请。起初，都不信。可是，仔细看过那一组照片，你不得不信。照片一点也不浮艳，你会看到她内心的焦灼、挣扎、挞伐与释放。每一个笑容的背后，你都能感到心酸。

我不相信，只凭一腔功利心，她会做出如此惊世骇俗的决定。那个年代，需要多大的勇气才敢全裸出镜？然而，时机这么凑巧。令人不得不怀疑裸照的流出，是否是电影公司别有用心。裸照不同于常规炒作，即使是今时今日，也鲜有明星如此冒险。何况，当年的梦露已然盛名在外。

面对是非，梦露不慌不惧。

她不躲避，不逃离，大方承认。别有用心的“丑闻”没有击溃梦露，她反倒凭借自己的智慧和定力在公众面前力挽狂澜，用自己的坦诚和率真收获无数拥趸。刹那，梦露片约不断。电影《如何嫁给百万富翁》更是让她成了好莱坞最受欢迎的女演员。

自此，玛丽莲·梦露之名街知巷闻。

电影《绅士爱美人》剧照

电影《飞瀑怒潮》剧照

梦露在为《濒于崩溃》试镜

1954年1月14日，梦露迎来了第二段婚姻。丈夫是著名棒球手狄马乔。狄马乔和梦露有相似的童年经历，孤独、凄楚。两个人一见如故。有时候，相爱只因能够看见彼此曾经有过的痛。他们便是如此。然而，狄马乔和吉姆一样，都因梦露之美而来，又因梦露之美而去。在梦露为世人所痴迷疯魔的压力之中，乔终究输给了自己的嫉妒。

男人总梦想娶回绝代佳人。可又忘记，恋慕绝代佳人的男子永远不可能只有你一人。然而，男人的占有欲仿佛是无法规避的动物天性。想要得到万千宠爱的美人，又要剥夺美人被宠爱千万的权利。玛丽莲的两段婚姻，都在丈夫的妒火之中被焚毁。

不过九个月，两人便离婚。

她是爱过这个男人的。第二段婚姻的潦草收场令梦露的一颗心濒临绝望。她开始失眠，开始酗酒，开始依赖药物。人这一生，不惧生死，最怕动情。梦露也不例外。谁能想到，一段九个月的婚姻，会改变梦露的人生走向呢？怕是连她自己也没有料到。

梦露和狄马乔

声名鼎盛之际，梦露选择息影。大概也是遇见恩师李·斯特拉斯伯格的缘故，令她对表演的态度变得愈加深邃和端正。她觉得自己仍需学习。在恩师的影响之下，梦露除了学习表演，还开始画画、写诗。与美国诗人卡尔·桑德堡和女作家伊迪丝·希特维尔常常来往。

连杜鲁门·卡波特都对梦露青眼有加。据说，两人的关系十分亲近。你看，梦露远非旁人所想。她从来不是一个只会搔首弄姿的性感女星。她有自己的内心秩序，有自己的艺术态度，有自己的交友准则。你读过《推销员之死》吗？阿瑟·米勒写的。谁也不知道，什么时候阿瑟·米勒就爱上了梦露。

阿瑟认识梦露那年，三十九岁。他比梦露大十一岁，瘦瘦高高的，也不爱说话。他跟梦露以往认识的所有男子都不一样。他满腹诗书，才华横溢，还有一支旁人无法超越的笔。梦露喜欢听他说话，

梦露和阿瑟·米勒在婚礼上

每一次交谈都令梦露心旷神怡。当世人得知两人的婚讯，都惊赞不已。

经历过两段婚姻的梦露，最后选择了一名作家。1956 年 6 月 29 日，梦露嫁给了阿瑟。她和阿瑟的婚姻，是梦露这一生最为长久的一段。结婚那天，梦露看到婚戒上，阿瑟刻下了这样的话：“此刻就是永恒”。梦露也在婚书的后面反复写下了“希望”。她不知道：

阿瑟，是她此生最后的希望。

## 四

1959 年，梦露凭借代表作《热情似火》拿到了第十七届金球奖的音乐喜剧类电影的最佳女主角。就是开篇写到的兰姨新作《宿敌：贝蒂和琼》中出现的片段。剧中，琼・克劳馥嫉妒年轻貌美的梦露。她甚至私下诋毁过梦露。可她不知，梦露的时代刚刚开始，就将结束。

1960 年，她拍摄了自己此生分量最重的一部电影《错点鸳鸯谱》。这是丈夫阿瑟·米勒特地为她亲写的剧本。男主角克拉克·盖博又是梦露少年时候最崇拜的偶像。据说，小时候因不知生父是谁，在电影公司工作的母亲常随手指着克拉克的海报，说："是他。"

以致，对克拉克，梦露有一种爱恨夹杂、难以言明的情愫。如今，她当然知道他与自己毫无关系。可是，每每见到他，梦露童年那漫长的黑暗总会席卷重来，令她窒息。拍摄期间，梦露压力巨大。一度病倒住院。素来守时的梦露，仿佛故意一般，总要迟来。甚至，会对他发脾气。

她只是惶恐，不知如何应对面前这个贯穿自己童年的男人。所有的仰慕和敬爱，都抵不过面对他那一刻涌来的往事。克拉克宽厚，待她如孩童，总是包容。遗憾的是，1960 年 11 月 16 日，克拉克心脏病突发去世。电影拍完，还未上映。连最后剪辑的成片，克拉克也没有看到。

克拉克去世之后，梦露寝食难安，十分自责。祸不单行。1961 年 1 月，阿瑟提出与梦露离婚。离婚之后，阿瑟曾对朋友说：“我仍然不理解，我们离婚了。我把这部《错点鸳鸯谱》作为礼物送给她，然后我离开了她。”是啊，他离开了。他不知道，梦露第二年会走。

如果知道，他还会离开吗？

一定不会。

1962年，梦露完成了此生最后一部作品《濒于崩溃》。一部只有三十几分钟的电影短片。电影宣传期间，恰逢美国总统约翰·肯尼迪生日。5月29日，梦露受邀参加了肯尼迪总统在麦迪逊广场花园举办的生日宴。梦露穿上了自己这辈子最昂贵的礼服，为肯尼迪唱了一首生日歌。

宴会上，梦露的歌声温柔又深邃、诚挚又深情。连肯尼迪都忍不住说：“能听到（梦露）为我歌唱如此甜美的‘生日快乐’，我现在都可以退出政坛了。”这段生日颂歌成了梦露这一生最完美的收官之作。两个多月后。1962年8月5日，梦露因过度服用安眠药，猝然离世于洛杉矶家中。

这一年，她只有三十六岁。

人世间，太多离散，总有错落。梦露之死，令好莱坞刹那间黯然失色。葬礼上，恩师李·斯特拉斯伯格说：“她有一种闪闪发光的品质，集希望、明艳和向往于一身——这使她与众不同，但使每个人都希望成为其中的一部分，分享这既害羞而又充满活力的孩童般的纯真。”

《飞瀑怒潮》宣传照被安迪·沃霍尔做成版画

说完，所有人都哭了。

这么多年过去了，她和切·格瓦拉一样，头像和照片被制作成版画、LOGO、T 恤和各种物件，随处可见。无人不知她撩裙大笑的美好。爱她的人，比她生前更多。她这一生，艳丽星光之下，流浪那么久，孤独那么久，忧伤那么久，终得圆满。

你知道吗?

你离开之后从未被忘记。
你离开之后一直被记起。

如有来生，愿有人陪你颠沛流离。

12

# 你过一生，抵得上别人的好几世

三 毛

与生相比，死要容易得多。

余华说过，活着的意义就是活着本身。可是，生而为人，一生一世，总会想要为了点什么而活。塑造或者摧毁一个人的，也往往就是一生所为的那点什么。于三毛而言，是为了爱。爱是补给，也是毒药，是空气、水和养分，也是壮丽梦想。因为爱，她曾活得潇洒漂亮。因为爱，她也曾肝肠断，坠入黑暗。

1943 年 3 月 26 日，她出生在重庆，后来随父母搬到南京生活了几年。父亲陈嗣庆，母亲缪进兰。她初名陈懋平，后来改名陈平，只因“懋”字难写。童年过得无忧无虑，令她一生纯真温柔。对文字的敏感大概是她的天赋。中外经典都爱读。最爱的大概是《红楼梦》。还学过画，师从顾福生、韩湘宁、彭万墀等人。

1948 年，时局大变，陈家移居台北。

居住的城市变了，家没变，她也没变。她依然是个诗书成瘾的姑娘。就连上学也在如饥似渴地阅读。这不仅影响了她的学业，也令她经常遭受老师的刁难。故而，读了几年书，她便休学在家，一边读书写作一边学画。她读波德莱尔、加缪、芥川龙之介，也迷恋毕加索，还说想做他的另一个女人。

1962年，十九岁的三毛在《现代文学》上以“陈平”的

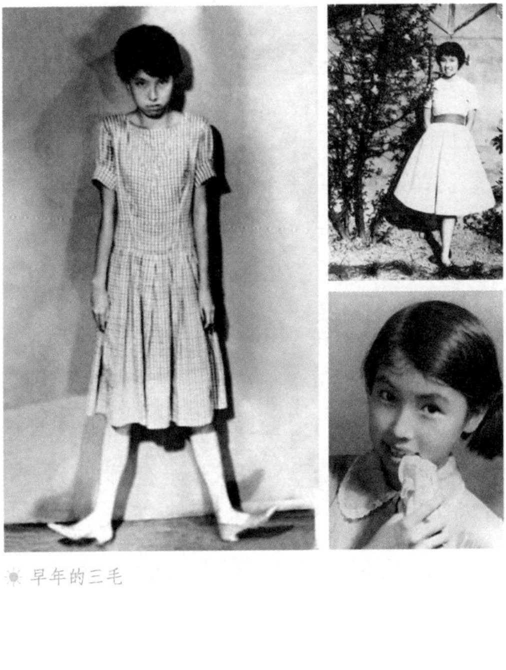

早年的三毛

名义发表了自己的处女作《惑》。据说，这篇文章是经由教她画画的顾福生托付给了当时的杂志主编白先勇。在文学上，白先勇先生算是三毛的伯乐了吧。两年之后，三毛成了文化大学哲学系的一名旁听生。也是在这里，她认识了初恋，梁光明。

梁光明是个才子，会写文章，还出过两本书，三毛是他的读者。梁的文字总是具备魅惑人心的力量，三毛对于的梁光明的心动便是始于他的文字。那时候，她还不懂爱。只知道跟着他、黏着他、缠着他，甚至要嫁给他。可是，年轻的梁光明却惧怕了、退缩了、逃走了。

初恋，仿佛就是用来分手的。

结束了初恋，三毛带着一颗年轻蓬勃却又支离破碎的心，离开了台湾，去了西班牙，开始了她一生不灭的流浪。遗憾，并没有看上去的值得惋惜。所有的遗憾都是成全。没有伤心的过去，便不会有孤注一掷天涯海角的三毛。没有错过了三毛的梁光明，不会有马德里与三毛生死相依的荷西。

三毛在台北生活了很多年。可是，台北对她来讲，仿佛是一座长居的客栈，或是收拾旅途疲惫之后重新出发的港湾。她最爱的地方是西班牙。她说："我决定来西班牙，事实上这是一个浪漫的选择而不是一个理智的选择。比较过去我所到过、住过的几个国家，我心里对西班牙总有一份特别的挚爱。"

那年，她在马德里一个中国朋友家里过圣诞。他也在。他只有十七岁，三毛比他大六岁。因为他好看，所以三毛记得他。只是，哪怕日后已经常来常往，三毛也把他当作弟弟。然而，这个名叫"Jose"后来被三毛唤作"荷西"的年轻男人，是那样出人意料又极其热烈地爱上了三毛，爱上这个名叫"Echo"的东方女子。

荷西总是逃课来看三毛。约她一起打棒球、骑摩托车、去逛旧物市场。有一次，在公园，荷西说："再等我六年，让我四年念大学、两年服兵役，六年以后我们可以结婚了，我一生的愿望就是有一个很小的公寓，里面有一个像你这样的太太，然后我去赚钱养活你，这是我一生最幸福的梦想。"他的话令三毛震惊，也惶惑。

三毛拒绝了他。

她觉得，他还那么年轻，怎么能如此轻易在自己的身上倾付一辈子的爱情梦想呢？她不敢担。于是，她说：“荷西，你才十八岁，我比你大很多，希望你不要再做这个梦了，从今天起，不要再来找我。”她让荷西不要再来缠着自己。荷西说：“好吧！我不会再来缠你……除非你自己愿意，我永远不会来缠你。”

说完这些，三毛要荷西先走。他走的时候，手里还捏着那一顶总是不戴的法国帽，一边跑着离开，一边回头挥手，一边说着“Echo 再见！ Echo 再见！”三毛只是怔怔望着他的脚步，沉默不语，可是内心如焚。三毛说：“那时我几乎忍不住喊叫起来：‘荷西！你回来吧！’”然而，她没有。谁会料到，那日之后，六年相错。

荷西真的再也没有来过。

三毛知道自己当日是言不由衷。可是，她那样倔强，不敢回头。她知道，有些爱，她一旦接受，再没有退路。她急迫地开始新的生活，她去法国、去荷兰、去德国、去美国。一支笔，几本书，来去匆匆，从不驻留。能让她在什么地方留下来的，除了爱，不会是别的。可是，荷西还在她身后。

而她，只能假装从未发生。

而她，只能假装不曾有过。

1970 年，三毛回到台北。这年，她已二十八岁，当了一名德语老师，认识了一个德国男人。三毛总是会吸引外国男子。是因为她的才华，还是因为她的风情，抑或是她在外国男子眼中，天然便是美艳不可方物的呢？一头乌黑长发，一身波西米亚长裙。她的确美。可又不是传统意义上的美。与其说她的形容美，不如讲她对待生活和生命的态度，更令人沉醉。

德国男人向她求婚。她不敢轻言一生，起码对面前的这个男人，她不敢。可是，她答应了。人生有无数令人困惑难解的瞬间，伤害深爱的人，包容陌生的人，拒绝唾手可得的一生一世，接纳真假难辨的海誓山盟。三毛也是曾经在感情旅途之中迷路过的人。可是，世事难料，就在确定婚期印制请柬那日，他因心脏病猝死。

所有的婚约相关，都成了闹剧。

较之于荷西，或许他在三毛心中的分量略有不及。可是，嫁娶一事纵有惶惑，也必定爱过。未婚夫之死令三毛抑郁成疾。世间眷侣千万，何故只有她总是不能得一人心而又白首不离呢？她甚至吞服了大量安眠药企图自杀。被抢救过来的那年冬天，她再次离开台北，回到马德里。

这一年，三毛二十九岁。1972 年。

在马德里，三毛遇到荷西的妹妹伊斯蒂。一切是那样出人意料又极其平静地到来。那日，三毛是去住在西班牙的义父徐吁家中做客。忽然，她听到有人在叫“Echo！ Echo！”闻声看去，竟是伊斯蒂。三毛差点没有认出来。伊斯蒂跟三毛聊到了荷西。荷西在南方参军，一个月后会回来。

听到荷西的名字，三毛心头一紧。她想到了他当年与自己的六年之约。眼看约期将到，她不知道他还记得吗？在伊斯蒂的请求之下，三毛给荷西写了一封信，只有一句话，她说：“荷西，我回来了！”其实，回到马德里的半年前，她收到过荷西的信和照片。他已不是从前的少年，他长成了伟岸的男人。

荷西的回信来得很快。他孩子一般在画报上剪了许多潜水员的漫画贴在信中，还说漫画里的人就是现在的他。荷西回来那日，三毛竟然忘了，少女似的在外疯玩了一日。回到住处，才得知自己错过了十几通电话。不久，又接到女同学电话，叫三毛去她家中，有要紧的事。

到了朋友家中，三毛被带进一间房里。朋友叫她闭上眼睛，然后默默出去把门关上。不一会儿，三毛便听到有人开门。还未来得及睁眼，她便被一双宽厚的手掌从身后温柔地抱住。回头一看，正是荷西。只是，昔日俊美白净的稚嫩少年已变成满脸络腮胡的高大男人。

三毛大惊又大喜。

后来，三毛去了荷西的家。走进荷西的卧室，她看到房内三面墙壁上贴满了自己的黑白照片。刹那，她一颗心融化在荷西的家里，再不能自拔。只是三毛疑惑，从未给荷西寄过照片。照片是从何处而来呢？荷西说，照片都是三毛从台北寄给马德里的义父徐吁的。他每每得知三毛来信，都会把照片拿去放大，再冲印留存。

世间难得真心。

从来没有过的，三毛如此想要嫁给一个男人。嫁给面前的荷西。她知道，世上大概再也不会有人像荷西那般地爱自己了。她终于开了口，问道：“荷西，记得你六年前的话吗？你还想结婚吗？如果我告诉你，我要嫁给你，会太晚吗？”“不晚，不晚。一点都不晚。”荷西激动得热泪盈眶。有些爱，经久不变。早一点，或者晚一点，它都在那里，从不离开。

1974 年，三毛与荷西去了撒哈拉沙漠。是年 7 月，两人在西属撒哈拉小镇阿雍结婚。结婚之前，她给马德里的室友留下一张字条，说她要去结婚了，然后便背起行囊义无反顾地离开了马德里。也是这年，她终于以“三毛”的名义发表了第一篇作品《中国饭店》。世间先有荷西，后有三毛。与荷西在一起的时光，是最好的三毛。

在撒哈拉沙漠，三毛用自己的笔记录下她的爱情，她的日常，她在异域所闻所见的奇趣与温暖。从《白手起家》到《素人渔夫》，从《荒山之夜》到《娃娃新娘》，从《沙漠观浴记》到《爱的寻求》，每一篇文章都明朗又洒脱、纯真又生动。她在爱情和旅行中写作，感染了无数人。

1976年，三毛与荷西离开撒哈拉沙漠，迁居加纳利岛。在这个小岛上他们生活了三年。这也是他们夫妻二人居住时间最久的地方。三年之后，三毛追随荷西去了丹娜丽芙岛十字港生活。那年，三毛的父母还特地来看望夫妻二人。最令三毛感动的是，荷西用并不熟练的中文叫了“爸爸”和“妈妈”，这对一个土生土长的外国男人来讲，实在不太容易。

父母待了一个月便回了台北。离开那天，三毛陪同一起坐飞机去往伦敦，送父母回台北。在飞机场，她看到荷西跳过机场的花丛，向她和父母挥手。他的身姿、形容、神情，每一样都令三毛铭刻在心。当时，身旁有位太太问三毛，那是她的丈夫吗？三毛说是。那位太太给了三毛一张名片。三毛看到“未亡人”三个字。

所谓“未亡人”就是丈夫亡故的孀居女子。或许是真的不大吉利。谁能想到，这三个字会成为三毛的谶语。三毛也不曾想过，机场一别便是永诀。两天之后，三毛便收到了荷西潜水意外丧生的消息。荷西的好友打捞到了他的尸体。这一天，是

1979年9月30日。世间深情，总以死亡来结束。

避得开生离，躲不过死别。

三毛所有的爱，都给了荷西。如今，荷西不在了，连同爱也被他一同留在了大海。三毛把荷西葬在了从前两人散步经过的墓园。她说：“过去，每当我们散步在这个新来离岛上的高岗时，总喜欢俯视着那方方的纯白的厚墙，看看墓园中特有的丝杉，还有那一扇古老的镶花大铁门。”在那儿，荷西可以看到毕生最爱的大海。

荷西的墓碑上，她只留下了最简单的话：

> 荷西·马利安·葛罗——安息，
> 你的妻子纪念你。

荷西之死，带走的不只有三毛的爱，还有三毛一生的光明与温柔。生活总要过下去，她只能佯装自己可以好好过下去。孀居一年多之后，三毛离开了加纳利岛，回到台北定居。其实，自从荷西离开之后，三毛无数次想到了自杀。死亡，可以结束生命，结束那些或温柔或心痛但都已化作尘埃不复再回的过去。

她所有留下的能量只能交付文字。

1981 年，三毛在《联合报》的资助下，开始旅行写作。在中南美洲旅行半年之后，三毛出版了回国之后的第一部作品《万水千山走遍》，此书甫一面世便极受欢迎，三毛也成了“大家的三毛”。她受母校文化大学校长张琦昀之邀，回校教书，同时也开始举办演讲，与读者交流。盛名之下，她仿佛也曾快乐。

然而，功名背后皆是尘土。

《万水千山走遍》
《梦里花落知多少》
《我的灵魂骑在纸背上》

除了教书、演讲，旅行和写作才是她生活最主要的内容。她去过那么多国家和城市，也到过新疆和成都。她认识了很多人，也被很多人爱护。林青霞、刘墉、琼瑶、廖辉英、王洛宾，等等，每个人于她而言，都是益友良师。谁也不曾料到，会有一日，她突然离开，永不回来。

据说，1986 年的时候，三毛曾经回过一趟加纳利岛，把昔年跟丈夫住过的房子卖掉。她只匆匆登了一则广告，以不足原价一半的价格卖给当地人。家中所有的物什，包括家具、衣物、书、藏品和那辆白色的福特汽车，连同荷西最爱的罗盘和沙漠玫瑰石，也纷纷送给了朋友。

她试图忘却所有，重新来活。

她真的为此努力过。

可是，她终究做不到。

1989 年开始创作电影剧本《滚滚红尘》。初写剧本，便获成功。1990 年，电影上映之后拿到八项金马奖。唯一的遗憾是，三毛被提名最佳编剧却未能拿奖。是年年底，三毛因子

电影《滚滚红尘》剧照

宫内膜肥厚入台北荣民总医院医治。1991 年 1 月 2 日，三毛手术成功，开始疗养。一场病下来，三毛精神状况急剧变差。

三毛没有送过母亲生日礼物。可是，这年她不仅送了，还提前送给了母亲。母亲问她为什么，她说："怕晚了来不及"。两日之后。1991 年 1 月 4 日，三毛被医护人员发现在病房的卫生间内用咖啡色丝袜自缢身亡。死亡时间，是日凌晨两点。她走得突兀又匆忙，没有留下片语只言。

廖辉英说：

你过一生，
抵得上别人的好几世。
生命的意义，
或许你的诠释比较美丽。

走的时候，三毛四十八岁。

# 附 三毛语录

☀ 人，真是奇怪，没有外人来证明你，你就往往看不出自己的价值。

☀ 每想你一次，天上飘落一粒沙，从此形成了撒哈拉。

☀ 我们经历了过去，却不知道将来，因为未知，生命益发显得神奇而美丽。

☀ 没有一个人真正知道自己对生命的狂爱的极限，极限不是由我们决定的，都是由生活经验中不断的试炼中提取得来的认识。

☀ 生活是好的，峰回路转，柳暗花明，前面总会另有一番不同的风光。

☀ 坚持自己该做的固然叫作勇气，坚持自己不该做的，同样也是勇气。

☀ 我爱哭的时候便哭，想笑的时候便笑，只要这一切出于自然。我不求深刻，只求简单。

- 人活在世界上，最重要的是有爱人的能力，而不是被爱。
- 人，不经过长夜的痛哭，是不能了解人生的。
- 最最优美的钻石，往往深埋在地底的最深处。
- 放开这些内心深渊的对话，去享受十五分钟只晒太阳的初春。
- 朋友中的极品，便如好茶，淡而不涩，清香但不扑鼻，缓缓飘来，似水长流。
- 我们一步一步走下去，踏踏实实地去走，永不抗拒生命交给我们的重负，才是一个勇者。
- 岁月极美，在于它必然的流逝。春花、秋月、夏日、冬雪。
- 不怨天，不尤人，自得其乐最是好命。
- 平凡简单。安于平凡，真不简单。
- 做人做事，唯有眼低手高，才能意气平和。
- 男人是泥，女人是水。泥多了，水浊；水多了，泥稀。
- 金钱最公平。富人不快乐，穷人不快乐，不富不穷的也不快乐。

# 13

## 缓慢地跳，飞快地走

## 迈克尔·杰克逊

## 一

朋友失恋，找我相陪。情始情终，本是寻常。然而，失恋的人需要的并不是冠冕堂皇的道理，她要的可能只是身边有个可信的人，不用说话，陪她坐着。那一刻，她会因此觉得自己并没想象中的那么孤立无援。有时候，朋友的意义就好比一本书、一部电影或者一首歌。最好的安慰，是陪伴。

她说，明天陪我录一首歌。

我问，哪一首？

她说，《ABC》。

每次失恋，她都要录一首歌，都是迈克尔·杰克逊的。有人觉得她天性做作。其实，她只是需要一点仪式感，用来与过去告别。我陪她录过三首，希望不会再有第四次。恋情的结束，带不走她对迈克尔·杰克逊的痴迷。或许，这是她录歌的另一个缘由，提醒她，除了恋情，仍有许多不散不灭的热爱，始终都在。

比如，迈克尔·杰克逊。

MJ。

## 二

MJ 风华鼎盛的时候，我还小。

翻看美国《时代周刊》旗下杂志《生活》出版的 MJ 纪念专书《迈克尔·杰克逊 1958–2009》，看到 The Jackson 5 时期的 MJ，镜头里的他童真、纯净，时见眼神深邃，当中仿佛总有若隐若现的重重心事。唯有表演的时候，他透过镜头表现出来的欢愉真切、毫无保留。

1958年8月29日，MJ出生于美国印第安纳州加里市，兄弟姐妹九人，他排行第七。大概是遗传之缘故，MJ兄弟们自幼很有音乐天赋，也算是音乐世家。1964年，六岁的MJ与四个兄长组成了The Jackson 5，小小年纪便成为兄弟乐队的主唱，开始了自己的音乐之路。

The Jackson 5的主要成员包括杰基、蒂托、杰梅因、马龙和MJ。乐队前身是Jackson Brothers，由MJ的三个哥哥组成，乐队的经纪人就是他们的父亲约瑟夫·杰克逊。他们经常在当地酒吧和俱乐部演出，赚钱贴补家用，很受欢迎。

MJ加入The Jackson 5之后，兄弟几人在父亲的督促之下，演出范围更广，演出频率更高。1967年，The Jackson 5与当地的钢城唱片签约，公开发行了他们的第一支单曲*Big Boy*，MJ横空出世，正式入行。他的嗓音和天赋，让他成为兄弟当中知名度最高的一个。

1968年，The Jackson 5因在纽约哈莱姆区的阿波罗剧院的一场演出被歌手格拉迪斯·奈特发掘。后来，演员戴安娜·罗斯来到加里宣传电影*Soul Weekend*时看到乐队的表演，十分欣赏。两人先后将乐队引荐给摩城唱片创始人贝利·高迪。

1969 年，贝利·高迪将乐队从钢城唱片买出，正式签约。摩城唱片也是首个非洲裔美国人拥有的唱片公司。MJ 全家也因为此次签约，举家从加里搬到了底特律。年底，The Jackson 5 正式推出了他们的第一张唱片 *Diana Ross Presents The Jackson 5*。他们的经典之作 *I Want You Back* 也成为冠军单曲，惊艳乐坛。

十一岁的 MJ 一夜成名。

The Jackson 5（MJ 在中间）

在摩城唱片时期，乐队共发行十四张专辑，并多次巡演。同时，MJ 开始过渡到个人独唱。1971 年 12 月，MJ 发行了个人首支单曲 *Got to Be There*，后推出四张个人专辑。杰克逊一家的经济情况也大为改善，搬入高级住宅区的双层别墅，有了他们自己的私人录音棚。其间，乐队贝斯手杰梅因·杰克逊还与贝利·高迪之女黑泽尔·高迪相爱、结婚。

也算美事一桩。

The Jackson 5

The Jacksons

看过摄影师吉姆·布里在 1973 年为 MJ 拍摄的一组照片。照片里是十五岁的少年 MJ 在贝佛利山庄公园空无一人的小径上自由自在地跳舞。照片里的衣服也是少年 MJ 自己挑选的。他充满自信。吉姆·布里说："只有迈克尔和我，还有司机。没有美发、化妆、设计师，也没有保安、警察。当然，那是一个不同的时代和地点。"

MJ 兄弟姐妹（MJ 在最后一排左数第二位置）

1976年，The Jackson 5签约哥伦比亚唱片公司，后转入旗下的埃佩克唱片公司。“The Jackson 5”这个乐队名称也因为版权归属于摩城唱片而无法继续使用，改名“The Jacksons”。在埃佩克唱片时期，他们发行的六张唱片，受欢迎度未被影响，辉煌仍在。

MJ，日渐超越乐队而独立存在。

1978年，是MJ音乐生涯当中至关重要的一年。这一年，MJ受邀参演电影新版《绿野仙踪》，饰演稻草人一角，并演唱电影主题曲。故而，MJ与影片的音乐总监昆西·琼斯相识。昆西·琼斯便是MJ的两张传奇唱片*Off the Wall*和*Thriller*的制作人。

1979年，由昆西·琼斯操刀，埃佩克唱片推出了MJ的代表作*Off the Wall*，其中至少四首歌进入十佳单曲榜，全球销售逾七百万张，每一首歌的传唱度都极高。MJ更是凭借其中的冠军单曲*Don't Stop 'Til You Get Enough*拿到了当年的格莱美最佳蓝调男歌手 。MJ成为街知巷闻的巨星。

后来，他又有了 *Thriller*。

1982 年 11 月，MJ 那张震撼乐坛的 *Thriller* 惊艳入世。它是音乐史上最畅销的音乐专辑，并在排行榜上占据了长达两年的时间，至今销量已超过一亿张，创造收益逾四十一亿美元。九首歌当中，有七首进入十佳单曲榜。它为 MJ 赢得了八项格莱美大奖（提名十二项）。一张 *Thriller*，令 MJ 红遍全球，影响极其深广，成为无人可与之比肩的歌王。

1983 年，MJ 再次令世界为之“战栗”。

这一年，MJ 的老东家摩城唱片成立二十五年。5 月 16 日，MJ 为了感谢当年摩城创始人贝利·高迪，和当年 The

Jackson 5 的兄弟们一同出席了摩城的二十五周年纪念演出。在和兄弟们表演结束之后，MJ 独自留在了舞台上。当冠军单曲 *Billie Jean* 的音乐响起之时，他独创的“月球漫步”横空出世。

他的黑色外套。

他的白色袜子。

他的礼帽和手套。

他四十五度倾斜的舞步。

第二天成了全世界歌迷争先讨论和模仿的对象。MJ 的“月球漫步”惊艳世界，无可争议地成为当年全球最热的年度文化现象。1991 年，MJ 邀请了篮球巨星迈克尔·乔丹一起拍摄了专辑 *Dangerous* 中 *Jam* 的 MV，MV 末尾 MJ 亲自教乔丹跳“太空步”的镜头成了音乐史上极其珍贵的画面。

MJ 的音乐成就至今无人能比。他十一岁便成为美国音乐单曲榜最年轻的冠军单曲歌手；他有当年音乐史上最成功、最畅销的 *Thriller*；他有音乐史上最昂贵的 MV *Scream*；他是音乐史上身价最高、收入最高的歌手，他是“流行音乐之王”。

他被誉为流行乐史上与猫王、披头士齐名的最伟大的歌手。

他被公认为史上最受欢迎和最多支持者的艺人。连吉尼斯世界纪录评鉴都认证他是“人类史上最成功艺人”。他是音乐史上无可争议的天才和传奇。他所有我写或没写到的专辑，张张大卖。他每一次的现场表演或电视演出都有亿万观众。

他所到之处，万人空巷。

他留给世界的，远远不止这些。

MJ 接受里根总统的嘉奖

## 三

名利场从来都不会风和日丽。

对 MJ 来说也不例外。

1993 年，MJ 受邀在第二十七届美国超级杯橄榄球大赛表演。这对 MJ 来说是个很大的殊荣。MJ 身穿黑黄相见的军服，在中场休息时演唱了 *Jam*、*Billie Jean*、*Black or White* 和 *Heal the World* 四首歌，有一亿三千五百万美国民众在电视前观看了他的表演。遗憾的是，这场演出，竟是他与歌迷之间最后一次纯粹的互动。

超级杯的表演结束十天之后，MJ 接受了奥普拉·温弗瑞的电视专访。这是他职业生涯的首次公开采访。采访地点就在他于 1988 年斥资三千八百万美元在洛杉矶奥利沃斯购置打造的两千八百英亩的“梦幻庄园”，这也是全美最奢华的豪宅之一。

原本是一场掏心掏肺的倾谈。他谈往事，谈童年和父亲；他也谈隐私，谈孤独和肤色；他当然也会谈音乐，谈梦想和远方。他也是有梦想的。可是，终究他低估了媒体的猎奇心，避不开公众的是非欲。在众目睽睽之下，他亲手撕开自己的伤疤，让歌迷走进自己的心，可是也让别有居心之人看到了他的脆弱。

终要聊他的父亲：约瑟夫·杰克逊。

从六岁开始表演到成为一代巨星。其实，他的父亲功不可没。然而，约瑟夫有暴力倾向，对子女过分严厉，动辄打骂。这对年幼的 MJ 造成了巨大的心理伤害。在跟奥普拉谈到这一段时，他不禁痛哭。小小年纪便要跟随兄长们登台表演，赚取家用。嬉闹、任性、无忧无虑的童年，都是旁人的。

他没有，从来不曾有，也再不会有。

没有人相信，音乐领袖 MJ 的内心是个童年缺失的孩子。他之所以把自己的庄园命名为“Never Land”，无非是慰藉内心丢掉的童年梦。庄园里有动物园、游乐场、摩天轮、泳池、电影院、印第安小村庄，自成一座小小王国。每年，MJ 都会邀请重病儿童来他的庄园居住养病。MJ 的“Never Land”和《彼得·潘》里的“Never Land”一样，童年永恒，梦幻不朽。

他希望在他的庄园里，孩子永不长大。

他长年捐助贫苦和重病儿童，开展自己的慈善事业。他说过：“上帝派我来地球就是干这个的，为小孩做这样的事是我生命中的一部分。”从儿童慈善到自己梦幻庄园的设计，每一样都能体现 MJ 对孩子的怜悯和慈悲。可是，即便如此，他依然躲不过阴谋、算计和诋毁。

他还说：“我爱孩子，爱他们的奇思妙想，爱他们对待生

梦幻庄园鸟瞰（左），MJ 和孩子（中、右）

活的单纯，就这些。而我们必须处身充满了鲨鱼和欺骗的成人世界。我觉得离开这里回到童年是一件美好的事。我喜欢孩子般纯净的世界。”他和所有的孩子都是朋友。可是，尔虞我诈、人心叵测的成人世界，终是没有放过他。

他曾得到无可比拟的荣耀。
也曾经历口诛笔伐的正义。

他的这一生，是真正的“悲欣交集”。

是年，MJ 还在台湾开了两场演唱会，盛况空前。可是，好景不长。MJ 被一纸诉状告上了法庭。控告 MJ 的便是曾在“梦幻庄园”居住过的一个孩子，乔丹·钱德勒。MJ 为他治病，邀请他去庄园做客。谁能料想，当年只有十三岁的乔丹病愈之后会控告 MJ。

控告的罪名，是 MJ 娈童。

此事一起，无论真伪，对 MJ 的名誉和事业都是一次至为沉重的打击。MJ 为得回清白，接受了警方一系列屈辱的调查。

甚至，MJ 同意了当时此案的负责人汤姆斯·奈登警长的要求，脱下裤子取证。除此之外，“梦幻庄园”也被全面搜查，一切都是无凭无据，可是，媒体的炒作从来不需要证据。跟踪、偷拍、诽谤，开始日夜围绕着 MJ，无休无止。

后来，MJ 的照片流出，身体上的白色斑点，虽与“娈童案”无关，但变相地成了好事者们为了证明昔日 MJ 漂白身体的蛛丝马迹。一时间，种族主义者们也口诛笔伐，声讨 MJ。此事，对 MJ 当年的唱片销量造成了很大的负面影响，连演唱会也被取消。

虽然乔丹的母亲一度向警方否认 MJ 与乔丹·钱德勒发生过关系，但是乔丹的父亲埃文·钱德勒仍旧以此勒索 MJ 两千万美金。英雄死于流言，是亘古难改的魔咒。重压之下，为了息事宁人，最后 MJ 同意支付两千万，但是拒绝认罪。MJ 知道，钱才是埃文·钱德勒的目的。

面对 MJ 与孩子们的关系，人们选择相信他“娈童”，却不愿意相信他内心也是个孩子，更不愿意相信他与孩子们只是朋友。MJ 没有料到的是，十年之后，旧事重演。2003 年 11 月，

MJ 因在纪录片《迈克尔·杰克逊大追踪》中讲述与男孩们的友谊，再次陷入“变童案”的风波之中。

无趣的真相与聒噪的炒作，人们总是更热衷于讨论后者。此次，控告 MJ 的是一个十七岁少年，然而 MJ 未再妥协，坚持自己的清白，最后因为证据不足，MJ 被当庭宣布无罪。可是，有罪、无罪对媒体来讲真的重要吗？他们要的从来都是话题，是热点，是关注度。

那天，他从法院出来，面对蜂拥而至的媒体，他说了一句：“谎言总是冲刺在前，而真相则跑马拉松。”可是，人们永远都在怀疑，怀疑 MJ 的人生，怀疑 MJ 与孩子们的关系。哪怕这一切都跟他们毫无关系。好在，有诋毁他的人，便有爱护他的人。

电影《小鬼当家》的男主角麦考利·卡尔金站了出来。他出演过 MJ 的 *Black or White* 的 MV。他说，MJ 从来不是一个复杂的人，无论别人相不相信，MJ 跟孩子们在一起，自己也变成孩子。他说，MJ 与孩子们的友谊根本不指望别人理解，除非去过他的庄园，与他真切生活过。

麦考利解释说，他和其他孩子们的确曾和 MJ 睡在同一张床上，那是一张大床，房门敞开着，会有用人和其他工作人员进出。孩子们和 MJ 躺在床上穿着睡衣聊天、讲故事，庄园里所有人都不觉得这有什么不妥。在孩子们看来，MJ 是他们最好的玩伴和朋友。

他说：

迈克尔就是迈克尔，
如果你真的了解他，
你就会知道那些指控有多么愚蠢。

MJ 去世之后，当年指控他的乔丹·钱德勒已经二十九岁。MJ 的死对他造成了前所未有的打击，他终于承受不了内心长年的愧疚，站出来说出了当年几乎毁掉了 MJ 的“娈童案”真相。他说，父亲因为贫穷利用了 MJ，逼迫当年的自己说谎侮辱 MJ。

原话是这样的：“我从未想过要撒谎并毁坏迈克尔·杰克逊的名誉，但我爸爸为了钱让我撒谎。他告诉我，我这么做不会有任何损失，但可以得到自己想要的一切。我对杰克逊感到无比的内疚，不知他是否会原谅我……”五个月后，当年的始作俑者，乔丹的父亲在家中吞枪自杀。

MJ 终于清白。

可是，一切都晚了。

迈克尔·杰克逊曾说：“自从我打破唱片纪录开始——我打破了猫王的纪录，我打破了披头士的纪录——然后呢？他们叫我畸形人、同性恋者、性骚扰小孩的怪胎！他们说我漂白了自己的皮肤，做一切可做的来诋毁我，这些都是阴谋！当我站在镜前时看着自己，我知道，我是个黑人！”

唯愿，懂他的人，从未误解他。

## 四

1994年，MJ大婚。

他的妻子是丽莎·普雷斯利。5月26日，他们在多米尼加私定终身。丽莎是猫王之女。两人相识二十年，虽未能朝夕相伴，但神交已久。MJ遭遇官司的低潮期，丽莎总会打长途电话，与MJ聊天。连官司庭外和解的建议，也是丽莎提出来的。遗憾的是，两年后二人便离婚了。

1996年，MJ再次结婚。

他与护士黛比·罗结婚，二人在MJ的白癜风治疗时期相识。也只有黛比有幸见到褪去巨星光环的病人MJ。对于这一段婚姻，MJ小心呵护，两人诞育了一子一女普瑞斯·杰克逊和帕丽斯·杰克逊。然而，许是孤独太久的缘故，仿佛婚姻天然不适于MJ。五年之后，MJ再次离婚。

黛比心善，不争不抢，甚至还把两个子女都留在了 MJ 的身边。记者问她，她说她始终为自己的这个决定骄傲，也为子女能够留在 MJ 这个出色的父亲身旁感到高兴。后来，虽然她争取过子女的探视权，但是都在情理之中。2002 年，MJ 通过代孕，有了第三个孩子，取名小普瑞斯。

仿佛，MJ 的一切都在慢慢好起来。

2009 年，MJ 开始筹备自己的伦敦演唱会，门票一售而空。可是，就在还有两个月，MJ 就将迎来自己五十一周岁生日的时候，世事大变。是年，6 月 25 日，迈克尔·杰克逊因服用药物过量导致心脏骤停。凌晨三点半，MJ 于洛杉矶病逝。他的生命永远停留在了五十岁。

由于法医裁定 MJ 非正常死亡，MJ 之死被定性为一宗凶杀案。最后，导致 MJ 服药过量的私人医生康拉德·莫里被判过失杀人罪入狱四年。生生死死，虽是寻常，但落在 MJ 的身上，再深的智慧也是惘然。

传奇的落幕总是匆急，巨星的陨落往往猝然。葬礼那日，

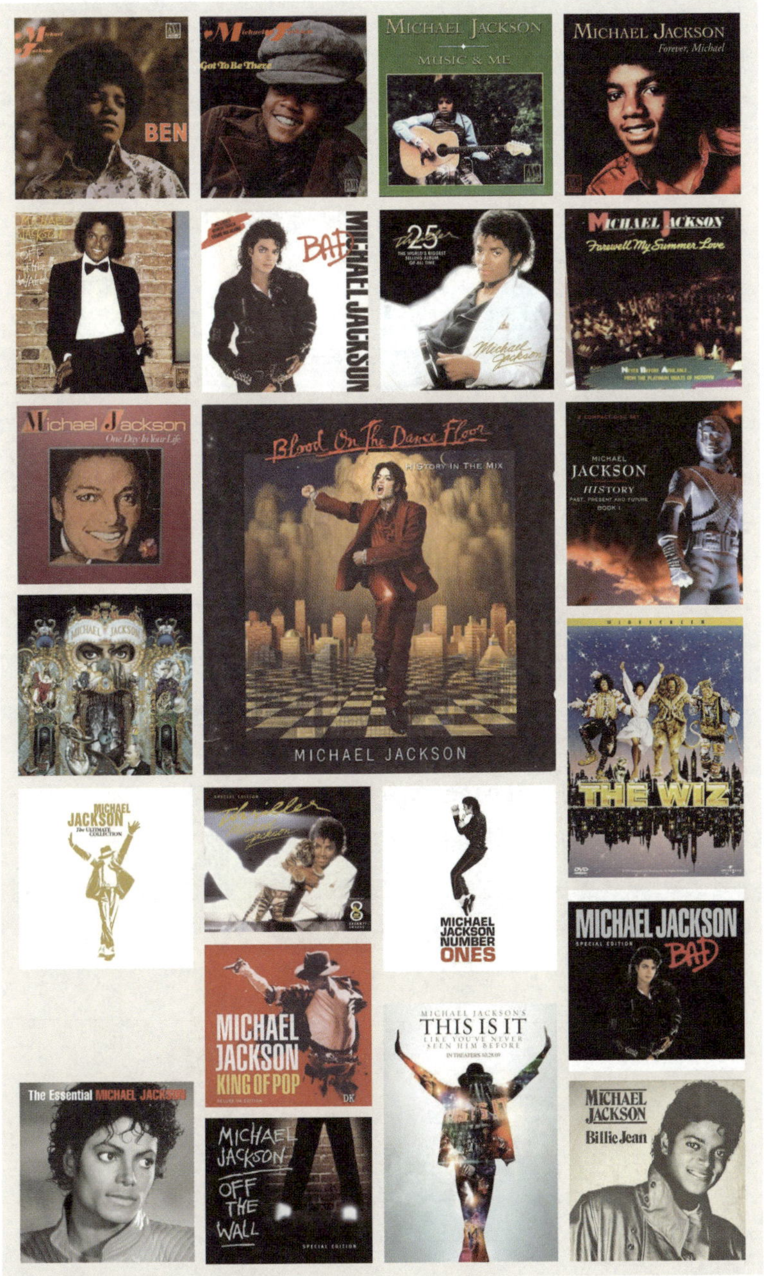
BEN
Got To Be There
MICHAEL JACKSON
MUSIC & ME
MICHAEL JACKSON
Forever, Michael
BAD
MICHAEL JACKSON
25
THE WORLD'S BIGGEST SELLING ALBUM OF ALL TIME
MICHAEL JACKSON
Farewell My Summer Love
Michael Jackson
One Day In Your Life
Blood On The Dance Floor
HIStory IN THE MIX
MICHAEL JACKSON
2 COMPACT DISC SET
MICHAEL
JACKSON
HISTORY
PAST, PRESENT AND FUTURE
BOOK I
THE WIZ
MICHAEL
JACKSON
The ULTIMATE COLLECTION
MICHAEL
JACKSON
NUMBER
ONES
MICHAEL JACKSON
SPECIAL EDITION
BAD
MICHAEL
JACKSON
KING OF POP
DK
MICHAEL JACKSON'S
THIS IS IT
LIKE YOU'VE NEVER SEEN HIM BEFORE
IN THEATERS 10.28.09
The Essential MICHAEL JACKSON
MICHAEL
JACKSON
OFF
THE
WALL
SPECIAL EDITION
MICHAEL
JACKSON
Billie Jean

来自世界各地的七十万歌迷涌入洛杉矶送别 MJ，有三十亿人在电视机前观看了他的葬礼。其实，当 1993 年出生的朋友告诉我他很爱 MJ 的时候，我很惊讶。我以为，爱他的人会年岁稍长。

可是，朋友说，爱他的人从无年龄界限。

我瞬间哑言。

他说得对。

爱他的人那么多。
曾经的少年都已长大。
曾经的你我都已慢慢变老。

MJ 离开八年了，爱他的人都还好吗？

14/

# 似是故人来

## 梅艳芳

## 一

我有花一朵，
长在我心中，
真情真爱无人懂。

遍地的野草，
已占满了山坡，
孤芳自赏最心痛。

一首《女人花》令梅艳芳红遍全国。1997年，她三十四岁。距离她离开，还有六年。六年，听上去短暂，却也足够一个女人完成自己爱情路途之上必要的几件事，比如遇见，比如爱上，比如婚嫁。然而，她没有。或许，她想着，还可以等等，可能某个人就在不远处。世事无常，突然她便再无机会。

有些事，你想到了，如果不去做，可能再也不会做或者再也做不成了。她那么热爱这个世界，但这个恢宏人间是否也曾待她真心？漫长岁月又是否曾予她温柔与宽宏？或许有。毕竟苍苍人世，爱她的人从未少过，歌迷影迷无数。可是，到底没有一个男人与她相配。

## 二

1963 年的 10 月 10 日，梅艳芳出生在香港。

家中，梅艳芳排行最小，有一个姐姐两个兄长。父亲去世很早，母亲一人抚养四个孩子。幼年的梅艳芳早早体尝到世间冷暖，吃过苦的孩子总要比旁人多出几分坚强。当年，她的母亲依靠经营一个名叫“锦霞”的破旧歌舞团支撑着一个家。四岁，她就追随母亲在香港荔园游乐场表演。因此，她的音乐开蒙也比别人早很多。

童年时期的梅艳芳

1982 年，未满十九岁的梅艳芳凭借出众的唱功和自幼跟随母亲表演积累下来的舞台经验，以一首徐小凤的《风的季节》一举夺得第一届香港新秀歌唱大赛冠军，并签约于华星唱片公司。同年，梅艳芳推出首张个人唱片《心债》，正式踏入歌坛。

她曾在《明报》采访中说：

我的童年和别的小孩子不太一样，所以很羡慕普通小孩子的生活。中学一年级，大病了一场，休养了一段长时期，功课赶不上，便没有继续正式读书，只靠自修。

跟同龄的人相比，我觉得自己很老，可能因为从小已出来工作吧！我认为青春有一个特点，就是“放”，但我很小年纪已担负很重的担子，所以没感受过青春。

同名主打歌《心债》令梅艳芳一炮而红，街知巷闻。1983年，第二张唱片《赤色梅艳芳》创下白金销量，当中一首《赤的疑惑》入围香港年度“十大中文金曲”。事业风生水起，她得以凭一己之力撑起整个家。最好的年华能做自己喜欢的事，已然幸运。她又做得那样好，实在不容易。

1985年，梅艳芳推出了一张极具争议的唱片《坏女孩》，与她过往的唱片风格迥异，唱出女子之叛逆与孤艳。她不拘一格的百变之风开始显露。12月，她在香港红馆举办“百变梅艳芳尽显光华演唱会”，成为当年在红馆开个唱最年轻的女歌手。虽是她的首次个唱，但连开十五场，也打破了当时香港歌手首次个唱最多场次纪录。

1987年，梅艳芳二十四岁。昔年，懵懂纯真的她犹如一朵含苞待放的花，如今，终于盛开。是年，她连续推出了《似火探戈》和《烈焰红唇》两张唱片。她看到了自己的美，开始以性感形象出现在舞台和银幕之上，令歌迷们了解到了更全面、更完整、更成熟的梅艳芳。

她从来不单调。

她毕生要精彩。

从 1985 年到 1989 年，梅艳芳连续五年获评香港十大劲歌金曲“最受欢迎女歌星”。这么多年，她和歌迷一路相伴一路疼惜，斩获无数音乐奖项。1990 年，梅艳芳举办了三十场“百变梅艳芳夏日耀光华演唱会”。之后，梅艳芳对外宣布不再领取任何音乐奖项（其后所获皆是音乐致敬荣誉）。每一步，她都走得果断干脆、斩钉截铁。

梅艳芳在音乐方面所取得的成绩，至今难以超越。她的音乐唱片数量超过四十张，唱片销量更是遥遥领先于同期的香港女歌手。1998 年，梅艳芳获得香港最高荣誉“金针奖”。2009 年，经“世界纪录协会”评定，她以全球个人演唱会总计二百九十二场成为全球华人个人演唱会场次最多的女歌手。

最爱她那首《似水流年》。

她唱：

我怀念，怀念往年。

外貌早改变，处境都变，情怀未变。

舞台上，梅艳芳百变。不过，她变的是造型、风格和美感，不变的是对音乐的专注、执迷和用心。每一首歌、每一张唱片、每一场演唱会，梅艳芳如同意气风发的少年，竭尽全力，毫不保留。她总要把她所能做到的最好的一面献给歌迷。

## 三

梅艳芳以歌手身份出道，同时兼顾表演。早在 1983 年，梅艳芳便已出现在大银幕中。当初，虽然只是客串一些微不足道的小角色，但是对于梅艳芳而言，表演成了她的另一项志趣。对于表演，一如歌唱，梅艳芳厚积薄发。她从无名小角色一路演到香港影后。

1984 年，梅艳芳凭借《缘分》拿到了第四届香港电影金像奖最佳女配角，在影坛崭露头角。之后三年当中，已然在歌坛风生水起的梅艳芳更是出演了十余部电影。对于电影的痴迷，可以想见。1988 年，梅艳芳迎来了自己电影生涯的一座里程碑。

是年，梅艳芳接拍了香港女作家李碧华的剧本《胭脂扣》。这么多年过去了，挚爱的港片仍然是屈指可数的那几部，当中便有《胭脂扣》。李碧华曾说她写原著时，“仿佛有另一只手在借着我的手写字”。我手写我心，大概就是这个意思。如今，男女主演皆已不在人世，回看十二少和如花，只叹：

人生斑驳，从来寻常。

世事错落，都是注定。

烟月往事，总是辛酸。名妓与阔少的恩怨纠缠，故纸堆里司空见惯。然而，《胭脂扣》不同。它讲的是风花雪月之后人性里的那一点执着与怯懦。五十年后，殉情的名妓如花，重返人间寻觅当初旧人十二少。说好了的不能同生但求同死，为何会变成而今的人鬼殊途、阴阳错落？

所有的真相，不过只是旧报章里的那两行标题："名妓痴缠，一顿烟霞永诀；阔少梦醒，安眠药散偷生"。生前的痴缠成了如花死后的执念。她不过是想要找到苟且偷生的十二少，问一句"为何？"然而，人生从来如此，一如李碧华在书中所写：

这便是人生：即便使出浑身解数，结果也由天定。有些人还未下台，已经累垮了；有些人巴望闭幕，无端拥有过分的余地。

这便是爱情：大概一千万人之中，才有一双梁祝，才可以化蝶。其他的只化为蛾、蟑螂、蚊子、苍蝇、金龟子……就是化不成蝶。并无想象中之美丽。

最难忘的是，如花递还给十二少那个自己带了五十三年的胭脂盒子，说了句“我不再等了”便转身离开的孤艳背影。还有，那冷漠蚀心的表情和困厄得解的泪。梅艳芳凭借《胭脂扣》的“如花”一角接连斩获了第二十四届台湾电影金马奖、亚太影展、台湾金龙奖、第八届香港电影金像奖四个最佳女主角奖项。

20 世纪 90 年代，她是香港电影最具票房号召力的女明星之一。由她主演的《审判官》《东方三侠》和《逃学威龙 3 之

龙过鸡年》曾创下香港电影票房纪录。除此之外，她出演过的《现代豪侠传》《新仙鹤神针》《金枝玉叶 2》《钟无艳》等作品，都是香港电影的经典之作，至今拥趸无数。

1997 年，梅艳芳凭借许鞍华导演的《半生缘》中“顾曼璐”一角，再度拿到第十七届香港电影金像奖最佳女配角的奖项。然而，人生从来不会一帆风顺。面对困境，梅艳芳积极乐观。她说：“对于未来，说通，是积极；说化，是消极，所以我不想‘化’。生命是微妙的，不管明天如何，也应该把余下的日子过好。”

日子总要过下去，一如她所唱：

寻觅中或者不知畏惧，
曾是这样的爱，
曾是这样的对。
如今，自觉真的太累，
唯愿笑着的醉，
唯愿继续的醉。

## 四

梅艳芳是天秤座。

她曾在采访中说：“我是天秤座，天生爱伸张正义。我的儿时志愿是当警察。”因为天生好嗓，她当了歌手，没有去做警察。不过，刚正不阿的性格也令她常常在娱乐圈为人出头。她说：“我觉得自己天生是金庸小说里的大侠，只是生错了时代。”天秤座的人温和心善。人人都知道她是最讲义气的那一个。

世间最经不起考验的东西，大概就是人心。出道之后，梅艳芳红遍香港，收入自然也高。幼年时候，母亲撑起一个家。如今，这个重担落到了梅艳芳的肩上。对此，梅艳芳无怨无悔。对家人的付出，梅艳芳毫不保留，总是竭尽所能。许是这个缘故，长期受惠于梅艳芳的家人日渐觉得一切都是理所当然。

20 世纪 80 年代，梅艳芳的大哥梅启明要开狗场。母亲覃美金要梅艳芳拿钱出资。梅艳芳一口答应。可是，梅启明非敦厚之人，也未见好好经营。区区一年，狗场便亏损四百万港币，负债累累。见状，梅启明逃往美国，把巨额债务留给了梅艳芳。被长兄欺骗出卖，令梅艳芳绝望。最后，她只能向法院申诉，表明自己与债务无关。

自此，兄妹二人便鲜少往来。

梅艳芳热心公益，1993 年成立的梅艳芳“四海一心慈善基金会”至今仍在造福社会。三年之后，覃美金也创办了“世界中西医学抗癌基金协会”，并要求梅艳芳担任名誉主席。之后，她为该协会累积捐出超过一千万港币。然而，母亲手下财务混乱、纰漏甚多。2000 年，梅艳芳辞去该协会名誉主席一职。

唯有孤独和苦难是恒常的。就像梅艳芳所说：“人生始终是苦，在什么位置也会受苦，没钱的时候固然苦，有钱同样有烦恼，无论哪个身份也有自己的烦恼。”血浓于水的一家人，最怕的便是因钱财而心生芥蒂，弄到彼此生分。梅艳芳感念母亲养育之恩，始终隐忍。

其实，她明白的。今时今日的母亲和大哥早已不是当初的那两个人。家里对她最好的，只有姐姐梅爱芳。当年，梅艳芳参加歌唱比赛一举夺魁，姐姐比她还要高兴。可是，命运冷酷。2000 年 4 月，唯一真心待她好的亲人，撒手人寰。

姐姐病逝之后，梅艳芳痛定思痛。她说：“今次令我有所启发，我的人生观有所改变，要活得坚强，任何逆境，更多挫折，更多不快，我都会同自己讲：‘It's nothing！’没有任何东西比生命更重要，只要有生命，任何事都可以从头再来。”

梅艳芳病重之时立下遗嘱，她生怕母亲花钱无度，把留给母亲的生活费分月支付，每月七万港币，直至母亲终老。遗嘱还指明，母亲去世后，所有资产会扣除开支全部捐给妙境佛学会。同时，她也为四名外甥、侄女预留了充足的教育经费。然而，对于梅艳芳的遗嘱，梅家人并不满意。

好在，梅艳芳没有看到人性最丑陋的那一面。梅艳芳离世之后，覃美金不惜花费巨额律师费用，几度上诉，要求法院裁定遗嘱无效，重新分配梅艳芳遗产。尤其是遗嘱当中将两处海外房产赠送好友刘培基，这令梅家人如鲠在喉。“梅艳芳遗产案”一度成为娱乐圈的焦点话题。是是非非，真假难辨。

令人唏嘘。

生者如此嚣扰，逝者如何安息?

## 五

2000年7月。

梅艳芳参加一个聚会，见到不少歌迷。原本神采奕奕的她，上了舞台，还未开唱，忽然情不自禁开始落泪。她走到歌迷身边，问了一句：“你们是真的爱我吗？”说完这句话，她泣不成声。在梅艳芳歌迷编写的那本 *Anita With* 中读到这则小事，心中震惊。要经历怎样的彷徨，才能让像她那样的巨星问出这句话呢？

这么多年，她终未能寻得一人心，终无法白首不相离。坊间流传的绯闻，真真假假，无从辨认。从梅艳芳口中确定的，不过只是那么三五个人。她和苗侨伟恋过，和邹世龙恋过，和近藤真彦恋过，和林国斌恋过，和赵文卓恋过。后来呢，也再没有什么后来。

同是过路同做过梦，本应是一对。
人在少年梦中不觉，醒后要归去。
三餐一宿也共一双，到底会是谁。
但凡未得到但凡是过去，总是最登对。

此时，梅艳芳这首《似是故人来》听来最是应景。总有人说，刘德华和梅艳芳最是登对。2002 年，梅艳芳自己也曾在演唱会中说，如果刘德华向她求婚，她会毫不犹豫。然而，没有。对的时间遇见对的人，这是世人的爱情理想。无奈，世事蹉跎，总有缺憾。

2003年9月，梅艳芳公布了自己的病情：子宫颈癌。此事公布之后，梅艳芳的歌迷、影迷，无一不痛心疾首，是那样害怕失去她。如果没有她的潇洒和孤媚，这个世界将会多么枯燥和乏味。有歌迷在 *Anita With* 中说：

> 从报纸杂志传来她患病的消息，不相信，当然不信，Anita一定无事的，报章乱传，无聊之作！日子一天一天过，消息愈传愈厉害，心中默默祷告。不敢相信的消息，在酒店的记者会上她亲口宣布出来了，我们哭着，听着，为她担心着……但她叫我们相信她，她会努力坚持，她会和我们一起活在当下。

Anita是梅艳芳的英文名。这个名字在她的歌迷、影迷心中，一如隔壁的邻家女孩。仿佛是朝夕相对，日日都在一起的。她分明犹如空气、水、日光一般，早已恒存于你的日常。突然有一日，她病了，甚至可能要离开。叫你如何能接受？

2003年11月，重病的梅艳芳举办了八场“经典金曲演唱会”。最后一场令世人难忘。最后一场演唱会的最后一支歌，她穿上了一件只属于她的、真正的婚纱。佩戴的珠宝是她十几二十年前就买下来的布契拉提[1]。原本，她是想要出嫁那天戴的。

穿上婚纱，登上舞台，她哽咽了。

她说：

> 我穿婚纱好看不？但是，错过了时间了。很可惜，我也曾经有数次穿婚纱的机会，但是自己错过了。每一个女性的梦想，都是拥有自己的婚纱，有一个自己的婚礼。我相信自己已经没机会了。
>
> 我是一个歌手，也是一个演员。穿婚纱，我已经不是第一次，但是，每次都不是属于我的。我告诉我的拍档刘培基，我好想穿一次，就算是没有人娶也好，做一件属于自己的婚纱，穿给大家看一看。终于，他

① 布契拉提：意大利珠宝品牌。布契拉提珠宝不仅华贵精美，而且蕴含关于艺术深层次的思考。

给我做了这一件，既简单又隆重的婚纱。可能只是穿一晚，或是在整个演唱会中都穿着，这件婚纱便要放进仓库。

人生便是这样。有些时候你预料的东西，你以为拥有的东西，偏偏没有拥有。我以为自己会在二十八岁或是三十岁之前便结婚，希望在三十二岁拥有自己的家庭，希望有自己的小孩，但也没有。终于过了四十岁了，我拥有什么？我拥有你们。

听到这里，歌迷们已然哭成泪人。世间人情物事，错过是寻常，悔恨是寻常，无奈是寻常。梅艳芳终究是没有实现自己出嫁的愿望。可是，她当真不曾嫁吗？在世人心中，她早已嫁给了她的艺术生涯，嫁给了她的歌迷和影迷，嫁给了舞台和大银幕。

最后一支《夕阳之歌》唱完，梅艳芳身穿曳地婚纱，转身拾级而上，缓缓离开。离开身后的舞台、歌迷、难以言尽的旧日岁月和那些已完成或是未实现的人生夙愿。台阶尽头的那扇门仿佛等候许久，终于为她打开。站在门口，她突然回头，喊

了一声："再见！"

一声再见，便是永诀。

四十几天之后，梅艳芳病逝于香港养和医院，终年四十岁。她说："做人这么多烦恼，我这一生酸甜苦辣都试过了，下辈子，我宁愿只当一只小鸟，在天上飞来飞去。"这一天，是2003年12月30日。我记得，那日大街小巷铺天盖地播着她的那一首《女人花》。

爱过知情重，
醉过知酒浓，
花开花谢终是空……

# 15

# 我想知道我该如何戒掉你

## 希斯·莱杰

未曾想过，会重看《断背山》。

当年，看电影时我还年少，许多事情想不大清楚。杰克和恩尼斯断背山一别四年，他们重逢拥吻被站在楼上窗口的艾玛看到的那一幕，始终令我无法忘却，甚至有些如鲠在喉。或许就是这个原因，我一直未再重温这部电影。在我看来，杰克和恩尼斯的爱，是一段在夹缝中苟延残喘的爱情。

他们真的快乐吗？

我不知道。

看完《断背山》，不禁会想，一个人要隐藏多少秘密才能安稳地度过一生？周身那些熟识或者不熟识的人，是否同样有着不为人知的过往？将来的我，是否也会有不愿倾谈的隐私？

谎言与秘密，令我恐惧。也有可能，我害怕的不是谎言与秘密本身，而是为了隐藏它们需要付出的代价。代价当中，很有可能包括短短一生之快乐。

比如，杰克和恩尼斯。

只是，那是1963年，相遇在思想封闭的年代，除了压抑内心的情感，素日佯装寻常，他们又能有什么办法？杰克之死是个谜。电影最后，恩尼斯与罗琳通话之间，有杰克被踩踏下体、群殴至死的镜头，仿佛是在暗示杰克之死的一种可能性——因同性恋的身份而被残害。

时至今日，同性恋的生活状况也未彻底好转。即便是电影上映的2005年，在部分地区这依然是一部禁忌题材的电影。如此境况之下，又会有多少个相爱而不能爱的杰克和恩尼斯？又会有多少个与丈夫同床异梦、隐忍一世的艾玛和罗琳呢？想到，只觉沉重。

2006年，第七十八届奥斯卡金像奖，李安凭借《断背山》拿到了奥斯卡最佳导演奖。希斯·莱杰也因扮演的恩尼斯一角，声名鹊起，提名了当年的奥斯卡最佳男主角。随后，希斯·莱杰便参演了电影《糖果》《我不在那儿》。2008年，希斯·莱杰最经典的作品《蝙蝠侠：黑暗骑士》上映。

如果说《断背山》带给了他盛名，那么《蝙蝠侠：黑暗骑士》带给他的是荣耀。常有人讲，希斯·莱杰之后，世间再无小丑。DC漫画当中著名的“小丑”一角，

饰演者无数，唯独希斯·莱杰被人记住。他也凭借“小丑”拿下了奥斯卡最佳男配角奖。那是2009年，第八十一届奥斯卡金像奖。

登台领奖的人是他的父母和姐姐。

1979年，希斯·莱杰出生于澳大利亚珀斯。母亲莎莉·莱杰·贝尔是一名法语老师，父亲金·莱杰是一名采矿工程师，也是赛车手。十岁那年，父母离异。他对于表演的热情源自姐姐凯特·莱杰。在姐姐的言传身教之下，希斯·莱杰对表演产生了浓厚的兴趣。

小小年纪，希斯·莱杰便主演了在珀斯公演的戏剧《彼得·潘》。十七岁，他来到悉尼，为自己的表演梦想努力。处女作《汗水》是一部低成本电视剧，当时导演给了他游泳选手和同性恋自行车手两个角色，莱杰选择了后者。对于自己的表演，他热衷于迎难而上，毫不畏惧。

1999年，二十岁的希斯·莱杰来到美国，在好莱坞闯荡。先后出演了《双手》和《我恨你的十件事》两部电影，算是在好莱坞的立足之作，他有幸能和梅尔·吉布森一同出演电影《爱国者》。希斯·莱杰因此知名度大增。两年之后，他主演《圣战骑士》，开始走红。

在出演《圣战骑士》之后，出演《断背山》之前，他的作品屡有面世，包括《四根羽毛》《食罪人》与《凯利党》等电影。然而，这些作品似乎未能给希斯·莱杰的电影事业锦上添花。故而，2004 年，希斯·莱杰修整了一年。所有的沉淀都是为了绽放。终于，李安带着《断背山》的剧本找到了他。

恩尼斯这个角色，成了希斯·莱杰电影事业的第一个高峰。当年，凭借这个角色他首次入围奥斯卡。他与杰克·吉伦哈尔的每一场对白、每一次吻戏，他的每一个脉脉含情的眼神、每一次嘴角的抽搐、每一次匆忙到有些狼狈却又孤独至死的背影，都令人无法遗忘。

他的表演得到一致好评。

《纽约时报》上，影评人史蒂芬·霍尔登说：“莱杰的表演就像最好时期的马龙·白兰度和肖恩·潘那样出色。”《滚石》杂志上，影评人皮特·特拉弗斯赞道："莱杰的杰出表现是一种表演奇迹……他不仅知道恩尼斯如何走路、说话、倾听，甚至知道他如何呼吸。看着他嗅着衣橱中杰克衬衣的气味，我们完全能够体会到一种失去爱的痛苦。"

电影《断背山》带给希斯·莱杰的不只有功名，还有爱情。在电影中扮演恩尼斯之妻艾玛的米歇尔·威廉姆斯，也因电影与他结缘，两人有过一段婚姻和一个女儿玛蒂尔达·罗斯。始终记得，在断背山前，杰克对恩尼斯说了一句："我想知道我该如何戒掉你。"恩尼斯哭了，哭得歇斯底里，像个孩子。

2005 年，是希斯·莱杰的丰收之年，除了《断背山》，他还有《格林兄弟》《狗镇之主》《卡萨诺瓦》三部电影上映。看上去，诸事变好，星途光明，所有的成功和荣耀都在前方伺机等候。事实上，的确如此。不久之后，他得到了著名导演克里斯托弗·诺兰的赏识，出演了他的巅峰之作《蝙蝠侠：黑暗骑士》。

在漫画原作中，"小丑"本身便是充满矛盾的角色。他可怜，自幼惨遭父亲虐待，被剪开嘴角，令他毕生要"笑"；他邪恶，在黑暗中试图撕裂所有在他看来不堪一击的光明；他病态，要让世间所有未曾经历痛苦之人，饱尝自己体悟过的残忍。然而，他内心深处，却有着无法抵御的孤独。他想把所有人都变成自己的“分身”。

听上去，这个角色便极难驾驭。

然而，希斯·莱杰演得那么好。好到，你以为那“小丑”就是希斯·莱杰本身。电影上映之前，各大媒体传出他入戏太深难以自拔的消息。其实，不难理解。如非这般，他又如何能够呈现出对“小丑”这个角色入木三分、无人能比的诠释？艺术的完美表现，必得以创作人的精神献祭作为代价。

他的压力一定很大。

后来，电影《蝙蝠侠：黑暗骑士》大获成功。希斯·莱杰的表演令“小丑”这个反派一时拥趸无数。甚至，他的表演光环超越了“蝙蝠侠”克里斯蒂安·贝尔。可是，一切荣耀，他没有来得及看到。电影上映前，希斯·莱杰因服药过量猝死于他在纽约的公寓。那是 2008 年 1 月 22 日。他二十九岁。

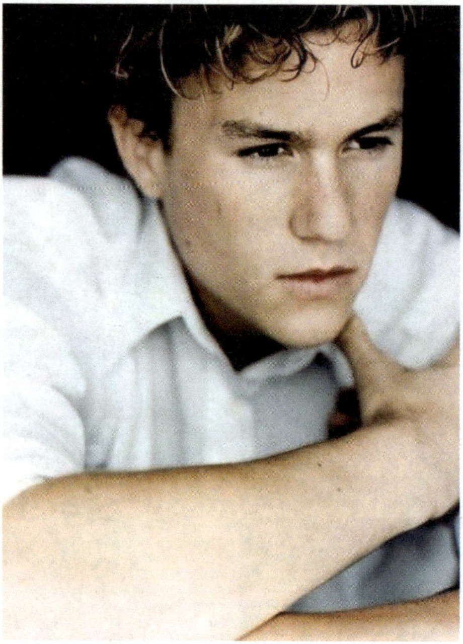

唯有逝者永远二十九岁

他走之后，荣耀便来了。但他看不到了。当奥斯卡组委会把当年的最佳男配角奖授予希斯·莱杰时，他的照片已成黑白。上台领奖的家人，与其他所有的领奖人都不一样。他们全无喜出望外的激动，只有平静。还有，深藏痛苦之后周全众人的微笑。可是，那些微笑，看上去是那样令人心疼。

当年在《断背山》里扮演杰克的杰克·吉伦哈尔，如今依然时有优秀作品面世，而希斯·莱杰呢？二十九岁，英年早逝。如果他还在，我们对电影一定会有更多一点的期待吧。世间遗憾，本是寻常。他在最好的时候猝然离开，把最美的时光留给了人世。

唯有逝者永远二十九岁。

唯有他——希斯·莱杰，永远二十九岁。

**图书在版编目（CIP）数据**

人生一直在告别 / 王臣著. — 南昌：百花洲文艺出版社，2018.3

ISBN 978-7-5500-2609-4

Ⅰ. ①人… Ⅱ. ①王… Ⅲ. ①散文集－中国－当代
Ⅳ. ① I267

中国版本图书馆 CIP 数据核字（2017）第 324847 号

# 人生一直在告别

RENSHENG YIZHI ZAI GAOBIE

王臣 著

**出 版 人** 姚雪雪
**出 品 人** 柯利明 吴 铭
**总 策 划** 张应娜
**责任编辑** 游灵通 程 玥
**特约策划** 简秋生
**封面设计** 弘果文化传媒
**版式设计** 风 筝
**出版发行** 百花洲文艺出版社
**社 址** 南昌市红谷滩世贸路898号博能中心Ⅰ期A座20楼
**邮 编** 330038
**经 销** 全国新华书店
**印 刷** 小森印刷（北京）有限公司
**开 本** 787mm × 1092mm 1/32
**印 张** 9.5
**字 数** 150千字
**版 次** 2018年3月第1版第1次印刷
**书 号** ISBN 978-7-5500-2609-4
**定 价** 42.00元

赣版权登字 05-2017-560

发行电话 0791-86895108
网址 http://www.bhzwy.com

上架建议：文学/人物传记

ISBN 978-7-5500-2609-4

定价：42.00元